अंडोरा

(नाटक)

अंडोरा

Publication of this book has been subsidized

by 'PRO HELVETIA'

माक्स फ्रिश

मूल जर्मन से अनुवाद

महेश दत्त

वाणी प्रकाशन

वाणी प्रकाशन

4695, 21-ए, दरियागंज, नयी दिल्ली 110 002

शाखा

अशोक राजपथ, पटना 800 004

फ़ोन: +91 11 23273167 फ़ैक्स: +91 11 23275710

www.vaniprakashan.in
vaniprakashan@gmail.com

ANDORA
by Max Frisch
Translated by Mahesh Dutt

ISBN : 81-7055-628-7
Play

प्रथम संस्करण 1998
आवृत्ति संस्करण 2015

मूल्य : ₹ 225

हर्ष प्रिंटर्स, दिल्ली-110 093 में मुद्रित

वाणी प्रकाशन का लोगो मक़बूल फ़िदा हुसेन की कूची से

अंडोरा—एक परिचय

स्विस नाटककार माक्स फ्रिश का नाटक 'अंडोरा' बीसवीं सदी के अंतिम पचास वर्ष के यूरोपीय नाट्य-साहित्य की महान् और मर्मस्पर्शी कृतियों में से एक है। आज लेखक की मृत्यु के सात वर्षों बाद इस नाटक का हिंदी अनुवाद नई दिल्ली में प्रकाशित हो रहा है, यह बात उस लेखक की अटूट जीवंतता और विश्वसनीयता को सिद्ध करती है जिसने अपने जीवन-काल में ही अंतर्राष्ट्रीय ख्याति प्राप्त कर ली थी। लेकिन भारत में फ्रिश हाशिये पर ही रहे। यहाँ पर 'अंडोरा' की अपेक्षा फ्रिश का आरंभिक नाटक 'हेअर बीडरमान उंट ब्रांडश्टिफ्टर' अधिक प्रसिद्ध हुआ है। इसका कई भाषाओं में मंचन किया गया है लेकिन पुस्तक रूप में प्रकाशन नहीं हो सका है। 'बीडरमान' स्पष्ट और सीधी-सादी कृति है, उसके चरित्र तराशे हुए से लगते हैं। इसके विपरीत 'अंडोरा' गूढ़ है, निराशावादी है। इसके चरित्र टूटे, उलझे और विरोधाभासों से भरे हैं। पूरा नाटक दुःख और व्यर्थता की एक गूँज से भरा हुआ है। फ्रिश के दूसरे नाटक (तीन उल्लेखनीय कृतियाँ : 'डी शिनेज़िशे माउअर', 'ग्राफ एओडरलांड', 'डॉन जुआन उंट लीबे त्सुर ग्योमेट्री') मेरी जानकारी में सिर्फ बंगाली में ही अनूदित और मंचित हुए हैं। मात्र कलकत्ता में ही उनके अंतिम वर्षों के नाटक 'बिओग्राफी' का मंचन हुआ था। 'अंडोरा' के प्रस्तुत हिंदी अनुवाद का पुस्तक के रूप में प्रकाशन प्रतिकार और साहित्यिक दृष्टि से न्यायसंगत है। महान् स्विस लेखक माक्स फ्रिश का विशाल हिंदीभाषी जनसमूह से परिचय कराया जाना हर्ष का विषय है।

नाटक 'अंडोरा' का मूल स्त्रोत 'डेअर अंडोरानिशे यूडे' नाटक लघुकथा है जिसे फ्रिश ने द्वितीय विश्वयुद्ध में तबाह जर्मनी की एक यात्रा के दौरान लिखा था। यह लघुकथा उनके बाद के वर्षों की रचनाओं के खाकों की ही तरह उनकी डायरी 1946-49 (टागेबूख 1946-49) में मिलती है। यह डायरी 1950 में प्रकाशित हुई थी। इसके दस वर्ष बाद 2 नवंबर 1961 को स्विटजरलैंड के त्यूरिश नगर में 'अंडोरा' का पहली बार मंचन किया गया। यह नाटक सारी दुनिया में सफल रहा। जल्दी ही यह जर्मनभाषी नाटकों के बीच सर्वाधिक मंचित होने वाला

नाटक बन गया। इसके बाद दुनिया की महत्वपूर्ण भाषाओं में इसके अनुवाद का क्रम शुरू हुआ और पाँचों महाद्वीपों में इसका मंचन होने लगा। 'अंडोरा' के कारण फ्रिश सिर्फ स्विटजरलैंड में ही नहीं वरन् बीसवीं सदी के उत्तरार्ध के सभी जर्मनभाषी देशों के सफलतम नाटककारों में गिने जाने लगे। इससे पूर्व सिर्फ ब्रेष्ट को ही ऐसी सफलता मिली थी। फ्रिश के समकालीन स्विस नाटककार फ्रीडरिश ड्यूरनमट के विशेष रूप से 'डेअर बेजूख डेअर आल्टेन डामे' और 'डी फ्यूज़िकर' को भी ऐसी ही सफलता मिली है। लेकिन 'अंडोरा' एक अपवाद बना रहा। ड्यूरनमट अपनी शून्यवादी विश्वदृष्टि को निराशा भरे हास्य का रूप देते थे। 'अंडोरा' के निष्कर्ष उसकी निराशा, उसके तर्क, उसकी निरर्थकता 'क्लासिक' त्रासदियों जैसे हैं। युवा अंडोरावासी आन्द्री के बारे में सभी का यह मानना है कि वह यहूदी है। आन्द्री की इसी दृष्टांत-कथा से फ्रिश अंतर्राष्ट्रीय रंगमंच के ख्याति-शिखर पर पहुँच गये। 'अंडोरा' से पहले या बाद में लिखे गये फ्रिश के किसी भी नाटक को ऐसी सफलता नहीं मिली।

जर्मनी में इसकी जबरदस्त गूँज स्वाभाविक थी। वहाँ लोगों को लगा जैसे इस स्विस लेखक ने द्वितीय विश्व युद्ध समाप्त होने के लगभग दो दशक बाद जर्मनों द्वारा यहूदियों के विनाश पर एक महत्त्वपूर्ण कृति लिखी है। जर्मन बुद्धिजीवी आलोचकों के लिए यह एक पीड़ादायी और शर्मनाक सवाल बना रहा कि यह सफलता एक 'विदेशी' के हाथ क्यों लगी, किसी जर्मन के हाथ क्यों नहीं। लेकिन यह जल्दी स्पष्ट हो गया कि जर्मन व्याख्या दरअसल बिल्कुल एकतरफा थी और वहाँ इस नाटक को बहुत कम समझा गया था। फ्रिश ने कोई 'जर्मन' नाटक नहीं लिखा था, न ही उनका नाटक 'जर्मन इतिहास' या 'जर्मन अपराधबोध' पर आधारित था। इस नाटक के तमाम मंचन और सुदूर देशों की भाषाओं में प्रकाशन इसके गवाह हैं। फिनलैंड हो या आयरलैंड, तत्कालीन सोवियत यूनियन, स्पेन, पुर्तगाल, अर्जेंटीना और अमेरिका, सभी जगहों पर पाठकों और दर्शकों को नाटक में ऐसी समानताएँ मिलीं जिन्हें वे अपने अनुभवों और इतिहास से जोड़ सकते थे। जैसे-जैसे हम मध्य यूरोप से दूर होते जाते हैं, उतना ही हिटलर और उसके खूनी मददगारों द्वारा व्यवस्थित रूप से यहूदियों के विनाश का ऐतिहासिक पक्ष फीका पड़ता जाता है। इसकी जगह उभरती है एक कहानी—एक 'बाहरी' आदमी की कहानी जो केन्द्रीय चरित्र आन्द्री के माध्यम से कही जाती है। आशंकित करते ढंग से आरंभ में ही व्यक्ति की परिभाषा में समाज की भूमिका स्पष्ट की जाती है।

'अंडोरा' को इस बात के उदाहरण के रूप में समझा जा सकता है कि किस तरह एक समाज अपने 'बाहरी लोगों' और 'बलि के बकरों' का निर्माण करता है। हर देश के अपने-अपने 'बाहरी लोग' होते हैं, अल्पसंख्यक होते हैं। हर समाज

में ऐसे समुदाय होते हैं जो हाशिये पर जीते हैं, जो बहुसंख्यकों के आक्रमण, घृणा और विनाशकारी प्रवृत्ति के शिकार बन सकते हैं। जितना छोटा देश होगा, जितना समरूपी उसका समाज होगा, जितनी कड़ी उसकी आचरण-संहिता होगी, बहुसंख्यकों को ये 'बाहरी लोग' जो समाज की स्थापित मूल्य-व्यवस्था पर प्रश्नचिह्न लगाते हैं, उसे तोड़ने की बात करते हैं, उतना ही बड़ा खतरा दिखाई पड़ते हैं। इसीलिए इस नाटक का मंचन हर देश, हर संस्कृति के लोगों के बीच किया जा सकता है। दक्षिणी फ्रांस और स्पेन के बीच के छोटे से पहाड़ी देश अंडोरा का इस नाटक से कोई संबंध नहीं है। यह एक प्रतीक मात्र है। ''अंडोरा का इस नाम के वास्तविक देश से कोई संबंध नहीं है,'' फ्रिश अपनी टिप्पणी में कहते हैं, ''न ही इसका किसी दूसरे छोटे देश से इसका कोई संबंध है। 'अंडोरा' एक मॉडल का नाम है।'' 'दूसरा छोटा देश' जिसका जिक्र फ्रिश करते हैं, वह उनका अपना देश है–स्विटजरलैंड। फ्रिश सारा जीवन इस 'छोटे से देश' से अपने संबंधों को लेकर विचार करते रहे। इस देश की संकीर्णता, इसकी वस्तुनिष्टता और मिथ्याचार को सहते रहे। उनका सारा लेखन इस संकीर्णता से उबरने का प्रयास ही है। साथ ही वे इस बात से भी अवगत थे कि स्विस समाज ने उन पर गहरा प्रभाव डाला जिससे वे बच नहीं सके हैं। इस दृष्टि से 'अंडोरा' पहली ही नज़र में अपना महत्त्वपूर्ण राजनैतिक और आधुनिक इतिहास का विषय प्रस्तुत करता है। यह एक व्यक्तिगत नाटक है जो नाटककार के जीवन के साथ गहराई से जुड़ा है।

फ्रिश की रचनाओं में विभिन्न रूपों में एक प्रश्न मुख्य रूप से मिलता है–अपनी पहचान का प्रश्न। बाहर से लादी जानेवाली भूमिकाओं का नायक विरोध करता है। अपनी पहचान का प्रश्न 'अंडोरा' में भी लगातार उठता है। सभी लोग जानते हैं कि आन्द्री यहूदी है। सभी को यहूदियों के चरित्र की विशेषताएँ मालूम हैं। ये विशेषताएँ आन्द्री के सामने बार-बार तब तक रखी जाती हैं जब तक कि वह उन पर विश्वास नहीं करने लगता है और उनके अनुरूप व्यवहार नहीं करने लगता है। क्रोधित और परेशान हालत में अंततः आन्द्री अपना यहूदी होना स्वीकार कर लेता है : सिर्फ यह जानने के लिए कि वह कौन है। उसकी गहरी व्यक्तिगत समस्या उस समय एक सार्वजनिक-राजनैतिक आयाम ले लेती है जब पड़ोसी देश इस छोटे से देश पर धावा बोलता है। यहाँ पर आन्द्री का चेहरा एक नियति का रूप ले लेता है। बाद में जब यह पता चलता है कि दरअसल आन्द्री यहूदी है ही नहीं, वह 'बाहरी' नहीं है, बल्कि उसके पिता ने किसी दूसरी स्त्री से अपने संबंधों पर पर्दा डालने के लिए आन्द्री के 'बाहरी' होने की कहानी गढ़ दी थी, तभी कहानी का दृष्टांत-पक्ष उभरता है। यह कहानी यहूदियों की कहानी नहीं है। यह बेहद कड़े, अस्तित्व और जीवन के लिए

खतरनाक बनती जा रही परिस्थितियों में जी रहे व्यक्ति की कहानी है। अपने पूरे मानवीय विकास के लिए मनुष्य को अपनी स्वतंत्रता को पाना होता है। लेकिन उसकी आशाएँ और अधिकार उसके साथी मनुष्यों की कायरता, घटियापन, लालच और द्वेष के चलते टूटते रहते हैं। क्लासिकल त्रासदियों को जो तत्त्व शानदार बनाते हैं, वे यहाँ अनुपस्थित हैं। दैवी शक्तियाँ, दार्शनिक और धार्मिक तत्त्वों की वह रूपरेखा जो पुरातनकाल में मनुष्यों की जीवन-पद्धति का निर्धारण करती थी, वह यहाँ नहीं है। मनुष्य के कदमों को निश्चित करनेवाली दैवी शक्तियों पर विश्वास यहाँ खत्म हो गया है। लेकिन फिर भी यह नाटक एक त्रासदी है—एक मानवीय, सांसारिक, बीसवीं सदी की त्रासदी जो प्रभाव में अपने ग्रीक आदर्शों की भाँति ही विनाश का भीषण प्रभाव छोड़ती है। इसके चलते दर्शक एक भावशून्यता का अनुभव करता है।

नाटकों के क्षेत्र में ब्रेष्ट माक्स फ्रिश के आदर्श थे। ब्रेष्ट से ही उन्होंने दृष्टांत-तकनीक ली थी। हालांकि उसके प्रयोग में दोनों हमेशा अपनी-अपनी राह अलग चले। इस पूरे नाटक में स्विस ध्वनि स्पष्ट है। एक तरफ यह ध्वनि अपने देश और अपनी जमीन से जुड़े होने के साथ ही कोमल मानव प्रेम की है तो दूसरी तरफ यह ध्वनि आक्रामक वस्तुनिष्ठता और विनाश की खोखली इच्छा की है। तीन मुख्य पात्रों आन्द्री, बार्बलिन और कैन के बीच शांति और खुशी के लिए कभी न पूरी होनेवाली उत्कंठा की अभिव्यक्ति के मुकाबले शोक, असफलता और निरर्थकता का बोध बहुत भारी पड़ता है। बार्बलिन और आन्द्री के बीच के दृश्यों में जिस चुप्पी की रचना करने में फ्रिश सफल होते हैं वह मंच पर विरले ही संभव हो पाता है। किसी भी वाक्य को विज्ञापन या प्रचार जैसा नहीं कहा जा सकता। फ्रिश स्वयं को शिक्षा देने जैसे अहसास से बचाते हैं। उन्हें किसी जवाब की जानकारी नहीं है। वे पीड़ा में सहभागी बनते हैं। फ्रिश बेहद ईमानदार हैं। उनकी सच्चाई इतनी-सी है कि वे सभी प्रश्नों को सामने रख देते हैं। वे अपने उस समय के गवाह हैं जिसने इस विश्व पर बहुत-सी तबाही थोपी है। इस नाटक के परिप्रेक्ष्य में यह उनकी कला है कि उन्होंने विश्व की इन परिस्थितियों को जीवित, पीड़ित, चलते-फिरते इंसानों में बदल दिया है।

आशा है कि महेश दत्त का यह अनुवाद तमाम पाठकों तक पहुँचेगा। नायक की त्रासद तस्वीर उन्हें छुए बगैर नहीं रहेगी। यह भी आशा है कि यह नाटक अभिनेताओं, नाट्य-निदेशकों को मंचन के लिए प्रेरित करेगा और सुदूर देश के एक व्यक्ति की कहानी आम सच का रूप लेकर भारतीय इतिहास का हिस्सा बनेगी।

पेटर ज़ेवित्स

माक्स म्युलर भवन
नई दिल्ली
18 अगस्त, 1998

पहला मंचन : 2 नवंबर 1961 शाउश्पील हाउस, त्स्यूरिश (स्विटजरलैंड) में।
निर्देशक : कुर्ट हिर्शफेल्ड।

(1957/61)

इस नाटक के 'अंडोरा' का इस नाम के वास्तविक छोटे से देश अंडोरा से कोई संबंध नहीं है, न ही इस नाम के दूसरे छोटे देश से। अंडोरा एक मॉडल का नाम है।

—मा. फ्रि.

पात्र

आन्द्री
बार्बलिन
अध्यापक
माँ
सेन्योरा
पादरी
फौजी
सराय का मालिक
बढ़ई
डॉक्टर
कारीगर
अनजान आदमी

मूक पात्र

एक मूर्ख
जाँच अधिकारी
अंडोरा के नागरिक

पहला दृश्य

अंडोरा के एक घर से बाहर का दृश्य। बार्बलिन लंबी हत्थीवाले ब्रुश से सफेदी कर रही है। मटमैले हरे रंग के कपड़े पहने अंडोरा का एक फौजी दीवार का सहारा लिये खड़ा है

बार्बलिन : अगर कहीं तू इस तरह मेरी टाँगों को घूरना बंद करे तो तुझे नज़र आएगा कि मैं क्या कर रही हूँ। मैं सफेदी कर रही हूँ। क्योंकि कल 'सेंट जॉर्ज-डे' है। अगर तू भूल गया है तो याद कर। मैं अपने पिता के घर की सफेदी कर रही हूँ। भला तुम फौजी लोग क्या कर रहे हो ? तुम सब अपनी कमर पर हाथ रखे गलियों में आवारागर्दी करते फिर रहे हो ताकि जब भी कोई लड़की झुके तो तुम लोग उसके ब्लाउज में कनखियों से झाँक लो।

फौजी हँसता है

बार्बलिन : मेरी सगाई हो चुकी है।

फौजी : सगाई !

बार्बलिन : यूँ किसी भोंदू की तरह मत हँस।

फौजी : भला क्या उसका सीना कबूतर जैसा है ?

बार्बलिन : क्यों ?

फौजी : जो तू उसे हमें दिखाती नहीं है।

बार्बलिन : मुझे मेरे हाल पर अकेला छोड़ दे।

फौजी : या फिर क्या उसके तलुवे चपटे हैं ?

बार्बलिन : भला उसके तलुवे चपटे क्यों होने चाहिए ?

फौजी : जो भी हो, वह तेरे साथ नाचता तो नहीं है।

बार्बलिन सफेदी करती रहती है

: या फिर शायद वह कोई फरिश्ता है !

फौजी हँसता है

: इसी कारण मैंने उसे अभी तक देखा नहीं है।

बार्बलिन : मेरी सगाई हो चुकी है।

फौजी : लेकिन सगाई की अँगूठी तो दिखाई नहीं दे रही है।

बार्बलिन : मेरी सगाई हो चुकी है।

बार्बलिन ब्रुश को बाल्टी में डुबोती है

: और वैसे भी मैं तुझे कतई पसंद नहीं करती।

मंच के दायीं तरफ अगले हिस्से में एक जूक बॉक्स है। बार्बलिन सफेदी कर रही है। एक मोटा बढ़ई दिखाई पड़ता है। उसके पीछे आन्द्री रसोइये की वेशभूषा में

बढ़ई : मेरी छड़ी कहाँ है ?

आन्द्री : यहाँ है, उस्ताद जी।

बढ़ई : क्या मुसीबत है ! हमेशा बस बख्शीश ही देते रहो। अभी बटुआ अंदर भी नहीं रखा है। **आन्द्री उसे छड़ी लाकर देता है। उसे बख्शीश मिलती है। वह उसे जूक बॉक्स में डाल देता है। संगीत बजने लगता है। इसी दौरान बढ़ई मंच के आगे से इस तरह गुजरता है कि बार्बलिन को अपनी बाल्टी एक तरफ हटानी पड़ती है क्योंकि बढ़ई बाल्टी से अलग हटकर चलने की कोशिश नहीं कर रहा है। आन्द्री संगीत की ताल पर झूमते हुए प्लेट साफ कर रहा है। फिर वह गायब हो जाता है—संगीत भी**

बार्बलिन : तू अभी तक यहीं खड़ा है ?

फौजी : आजकल मेरी छुट्टियाँ हैं।

बार्बलिन : तुझे और क्या जानना है ?

फौजी : तेरा दूल्हा कौन है ?

बार्बलिन सफेदी करती रहती है

: सभी लड़कियाँ अपने घरों की सफेदी कर रही हैं क्योंकि कल 'सेंट जॉर्ज-डे' है। वह कलूटा गलियों में चक्कर काट रहा है, क्योंकि कल 'सेंट जॉर्ज-डे' है। कुँवारियो, करो सफेदी। अपने पिता के घर की सफेदी करो ताकि हमारा अंडोरा सफेद हो जाए। बर्फ-सा सफेद हमारा अंडोरा !

बार्बलिन : कलूटा—भला वह कौन है ?

फौजी : क्या तू कुँवारी है ? **हँसता है** अच्छा तो मैं तुझे पसंद नहीं हूँ।

बार्बलिन : नहीं, बिल्कुल नहीं।

फौजी : यह बात तो बहुत-सी लड़कियाँ बोल चुकी हैं। लेकिन मैं उन सबको पा ही लेता हूँ—अगर कहीं मुझे उनकी पिंडलियाँ, उनके बाल पसंद आ जाएँ।

बार्बलिन उसे जीभ दिखाती है

: और उनकी लाल जीभ भी।

फौजी एक सिगरेट निकालता है और घर के ऊपर की तरफ देखता है

: तेरा कमरा कहाँ है ?

साइकिल लिये एक पादरी आता है

पादरी : मुझे यह अच्छा लगता है, बार्बलिन। यह बहुत अच्छा लगता है। हमारा अंडोरा सफेद होगा। बर्फ-सा सफेद अंडोरा—मगर कहीं रात में मूसलाधार बारिश न आ जाए।

फौजी हँसता है

: क्या तुम्हारे पिताजी घर पर नहीं हैं ?

फौजी : कहीं रात में मूसलाधार बारिश न हो ! इनका चर्च भी

दरअसल उतना सफेद नहीं है जितना कि वह दिखाई देता है। यह बात तो साबित हो ही गई है। असल में इनका चर्च मिट्टी से बना है और मिट्टी लाल होती है। जब मूसलाधार बारिश होती है तो चर्च के ऊपर का सफेद मुलम्मा हटा देती है। तब ऐसा लगता है जैसे उसके ऊपर किसी ने कोई सुअरिया काट दी हो। बर्फ से सफेद चर्च का बर्फ-सा सफेद मुलम्मा।

फौजी बारिश के लिए हाथ फैलाता है

: अगर कहीं रात में मूसलाधार बारिश न हो !

फौजी हँसता है और गायब हो जाता है

पादरी : भला इसका यहाँ क्या काम है ?

बार्बलिन : श्रद्धेय, क्या जो कुछ लोग कह रहे हैं, वह सब सही है। क्या उस पार के काले लोग हम पर हमला करेंगे क्योंकि उन्हें हमारे सफेद घरों से जलन होती है। एक दिन सबेरे चार बजे हजारों काले टैंकों के साथ वे आएँगे। वे टैंक हमारे खेतों में हर तरफ घूमेंगे। साथ ही वे पैराशूट भी जो आसमान से टिड्डियों के दल की तरह आएँगे।

पादरी : यह सब कौन कहता है ?

बार्बलिन : पाइडर—यही फौजी।

बार्बलिन ब्रुश को बाल्टी में डुबोती है

: पिताजी घर पर नहीं हैं।

पादरी : मुझे अंदाजा था।

कुछ रुककर

: वह पिछले दिनों इतनी ज्यादा क्यों पीने लगा है ? पीकर वह सारी दुनिया को गालियाँ बकता है। भूल जाता है कि वह कौन है। आखिर वह ऐसी बातें क्यों बोलता है?

बार्बलिन : मुझे नहीं मालूम कि पिताजी सराय में क्या बोलते हैं।

पादरी : वह निराशावादी है। क्या यहाँ सभी लोग उस पार के काले लोगों से बेहतर नहीं हैं। वह हर समय ऐसा क्यों

कहता रहता है ? मुझे इस बात पर हैरानी नहीं होती कि लोगों को उसका ऐसा बोलना बुरा लगता है। एक अध्यापक को इस तरह नहीं बोलना चाहिए। आखिर वह रेस्तराँ में उड़नेवाली हर अफवाह पर यकीन क्यों कर लेता है ?

कुछ रुककर

: कोई भी तुम्हारे आन्द्री को परेशान नहीं करता—

बार्बलिन ठिठककर सुनती है

: आज तक किसी ने तुम्हारे आन्द्री का बाल भी बाँका नहीं किया है।

बार्बलिन सफेदी करने लगती है

: मैं देख रहा हूँ कि तुम बिल्कुल ठीक समझ रही हो। अब तुम बच्ची नहीं हो। तुम किसी जवान लड़की की तरह काम कर रही हो।

बार्बलिन : मैं उन्नीस बरस की हूँ।

पादरी : और अभी तक सगाई नहीं हुई ?

बार्बलिन चुप रहती है

: मैं उम्मीद करता हूँ कि इस पाइडर की तुम्हारे पास दाल नहीं गलेगी।

बार्बलिन : नहीं।

पादरी : उसकी नज़र गंदी है।

कुछ रुककर

: कहीं उसने खुद को महत्त्वपूर्ण दिखाने के लिये तुम्हें डराया तो नहीं है ? भला वे हम पर क्यों हमला करेंगे? हमारी घाटियाँ सँकरी हैं। हमारे खेत पथरीले और बेहद ढलुआ हैं। हमारे यहाँ के जैतून भी कहीं और से अधिक रसीले नहीं होते। वे हमसे आखिर क्या पाने की चाहत रख सकते हैं ? जो हमारी जौ की फसल काटकर ले जाना चाहता है, उसे हर कदम-कदम पर झुक-झुककर

उसे हँसिये से काटना होगा। अंडोरा एक सुन्दर लेकिन गरीब देश है। एक शांत, कमजोर, धर्मपरायण देश। हम ईश्वर से डरते हैं। हाँ, यही सच है। है न बेटी?

बार्बलिन सफेदी करती रहती है

: सच है न ?

बार्बलिन : और अगर वे इसके बावजूद आ धमकें ?

शाम की प्रार्थना का घंटा बजता है—एकरसता से भरा—थोड़ी देर बजता रहता है

पादरी : हम कल मिलेंगे बार्बलिन ! पिताजी को कहना कि सेंट जॉर्ज उन्हें पिये हुए नहीं देखना चाहते हैं।

पादरी साइकिल पर चढ़ जाता है

: या फिर शायद कुछ न कहना ज्यादा अच्छा होगा। वरना वह गुस्से से चीखने-चिल्लाने लगेगा। लेकिन हाँ, उसका ध्यान रखना।

पादरी साइकिल पर चढ़कर चला जाता है

बार्बलिन : और अगर वे इसके बावजूद आ जाएँ, श्रद्धेय ?

मंच के अगले हिस्से में दायीं ओर जूक बॉक्स के पास 'अनजान आदमी' आता है। उसके पीछे आन्द्री होटल में काम करनेवाले की वेशभूषा में

अ. आदमी : मेरा हैट कहाँ है ?

आन्द्री : यहाँ, साहब।

अ. आदमी : आज की शाम कितनी उमस भरी है। लगता है हवा में तूफान की महक है...

आन्द्री हैट देता है। उसे बख्शीश मिलती है जिसे वह जूक बॉक्स में डाल देता है लेकिन बटन नहीं दबाता है बल्कि सीटी बजाते हुए रिकॉर्ड चुनने के लिए निगाह दौड़ाता रहता है। 'अनजान आदमी' दृश्य के आगे से गुजरता है। वह बार्बलिन के सामने रुक जाता है। बार्बलिन पादरी के चले जाने से

अनभिज्ञ सफेदी कर रही है

बार्बलिन : श्रद्धेय, क्या जो कुछ लोग कह रहे हैं वह सब सच है? वे कहते हैं कि जब काले लोग आएँगे तो हर यहूदी को पकड़ लिया जाएगा। उन्हें एक खंभे पर बाँधकर गोली मार दी जाएगी। यह सच है या फिर अफवाह ? जो यहूदी शादीशुदा होगा उसकी पत्नी को किसी खारिश वाले कुत्ते की तरह गंजा कर दिया जाएगा। ऐसा लोग कहते हैं।

अ. आदमी : तुम कैसी बातें कर रही हो ?

बार्बलिन मुड़ती है और डर जाती है

अ. आदमी : गुड इवनिंग।

बार्बलिन : गुड इवनिंग।

अ. आदमी : आज की शाम खूबसूरत है।

बार्बलिन बाल्टी उठाती है

: लेकिन उमस भरी।

बार्बलिन : हाँ।

अ. आदमी : हवा में कुछ महक है।

बार्बलिन : इससे आपका क्या मतलब है।

अ. आदमी : तूफान। जैसे सब कुछ हवा का इंतजार कर रहा हो—पत्ते, खिड़कियों के सफेद झिन्ने पर्दे, धूल, सभी कुछ। वैसे आसमान में बादल नहीं दिखाई दे रहे हैं लेकिन उन्हें महसूस किया जा सकता है। यह गर्मी भरी शांति। चींटियाँ भी इसे महसूस कर रही हैं। यह शुष्क और निष्क्रिय शांति। मेरा ख्याल है कि हवा में तूफान की महक है—भीषण तूफान। देश के लिए यह अच्छा होगा...

बार्बलिन घर के अंदर जाती है। 'अनजान आदमी' आगे चला जाता है। आन्द्री जूक बॉक्स का संगीत शुरू कर देता है। वही पुराना रिकॉर्ड। अंडोरा के

चौपाल का दृश्य। बढ़ई और अध्यापक सराय के आगे बैठे हैं। संगीत बंद हो चुका है

अध्यापक : प्राडर, मैं अपने बेटे के लिए बात कर रहा हूँ।

बढ़ई : मैंने कहा, पचास पौंड।

अध्यापक : मैं अपने आन्द्री की बात कर रहा हूँ।

बढ़ई : मैंने कहा पचास पौंड।

बढ़ई एक सिक्के से मेज पर खटखटाता है

: वह भला बढ़ई ही क्यों बनना चाह रहा है ? बढ़ई बनना आसान नहीं है। खासकर जब कि यह गुण किसी के खून में न हो। भला यह उसके खून में कहाँ से आएगा? मैं यूँ ही कह रहा हूँ कि आखिर वह दलाल क्यों नही बन जाता ? शेयर बाजार में कुछ क्यों नहीं करता ? मैं बस यूँ ही कह रहा हूँ...

अध्यापक : यह खंभा यहाँ कहाँ से आया ?

बढ़ई : मुझे नही पता आप क्या कह रहे हैं।

अध्यापक : वहाँ देखो !

बढ़ई : आप तो पीले पड़ गये हैं।

अध्यापक : मैं खंभे की बात कर रहा हूँ !

बढ़ई : मुझे कोई खंभा नहीं दिखाई दे रहा।

अध्यापक : यह देखो !

बढ़ई मुड़ता है

: यह खंभा है या नहीं ?

बढ़ई : भला यह खंभा क्यों नहीं है ?

अध्यापक : लेकिन कल तक यहाँ कोई खंभा नहीं था।

बढ़ई हँसता है

: यह हँसने की बात नहीं है प्राडर, आप अच्छी तरह जानते हैं कि मैं क्या कह रहा हूँ।

बढ़ई : आपका डर निराधार है।

अध्यापक : तो फिर यह खंभा किसलिए है ?

बढ़ई एक सिक्के से दोबारा मेज खटखटाता है

अध्यापक : मैं नशे में धुत्त नहीं हूँ। मैं देख रहा हूँ कि यहाँ क्या है। और जो कुछ मैं देख रहा हूँ, उसीके बारे में बात कर रहा हूँ। तुम लोग भी इसे देख ही रहे हो।

बढ़ई : मुझे जाना है।

बढ़ई सिक्के को मेज पर फेंकता है और उठ जाता है

: मैंने कह दिया है—पचास पौंड।

अध्यापक : तो यह आपका आखिरी फैसला है ?

बढ़ई : मेरा नाम प्राडर है।

अध्यापक : पचास पौंड ?

बढ़ई : मैं सौदेबाजी नहीं करता।

अध्यापक : आप भले आदमी हैं। यह बात मैं जानता हूँ, प्राडर। लेकिन बढ़ई की ट्रेनिंग के लिए पचास पौंड—यह तो शोषण है। यह मज़ाक है प्राडर। आप जानते ही हैं कि मैं अदद एक अध्यापक हूँ। मेरा वेतन बहुत थोड़ा है। किसी बढ़ई उस्ताद की तरह मेरे पास दौलत नहीं है। मेरे पास पचास पौंड नहीं हैं। नहीं हैं मेरे पास इतने पौंड।

बढ़ई : तो फिर बिल्कुल नहीं।

अध्यापक : प्राडर...

बढ़ई : मैंने कहा—पचास पौंड।

बढ़ई चला जाता है

अध्यापक : एक दिन जब मैं सच बताऊँगा तो वे हैरान हो जाएँगे। मैं इस जनता को इसकी असली शक्ल दिखा दूँगा। लोगों की अपनी हँसी उन्हें सुन्न कर देगी।

सराय का मालिक आता है

मालिक : भला तुम लोगों के बीच क्या हो गया है ?

अध्यापक : मुझे ब्रांडी चाहिए।

मालिक : गुस्सा आ रहा है ?

अध्यापक : सिर्फ ट्रेनिंग के लिए पचास पौंड !

मालिक : यह मैंने सुना था।

अध्यापक : मैं इस रकम का इंतज़ाम कर लूँगा।

मालिक हँसता है

: जब कि बढ़ई बनने की काबिलियत खून में न हो !

मालिक एक कपड़े से मेज को साफ करता है

: अब उन्हें अपने खून की पहचान हो जाएगी।

मालिक : अपने ही देश के लोगों पर गुस्सा नहीं करना चाहिए। इससे बहुत तकलीफ होती है और लोग फिर भी नहीं बदलते। यह बात ठीक है कि बढ़ई की माँग दरअसल शोषण है। अंडोरा के लोग मनमौजी जरूर हैं लेकिन जब बात पैसे की हो तो किसी यहूदी से कम नहीं—ऐसा मेरा मानना है।

मालिक जाने लगता है

अध्यापक : भला तुम्हें क्या मालूम कि यहूदी कैसा होता है ?

मालिक : कैन—

अध्यापक : जरा बताओ—कैसे मालूम है तुम्हें ?

मालिक : मुझे तुम्हारे आन्द्री से कोई द्वेष नहीं है। तुमने मुझे क्या समझ रखा है ? वरना मैं उसे अपनी सराय में नौकरी क्यों देता? तुम मुझे ऐसे तिरछी निगाहों से क्यों देख रहे हो ? मेरे पास अपनी बात के गवाह हैं। क्या मैंने हर मौके पर यह नहीं कहा है कि आन्द्री एक अपवाद है—उसकी बात और है।

अध्यापक : हम इस बारे में बात न करें तो बेहतर होगा।

मालिक : वह पूरी तरह एक अपवाद है।

घंटे बजने की आवाज

अध्यापक : इस खम्भे को यहाँ किसने खड़ा किया है ?

मालिक : कहाँ ?

अध्यापक : मैं हमेशा नशे में धुत्त नहीं होता हूँ, जैसा कि श्रद्धेय पादरी

मानते हैं। एक खम्भा तो आखिर खम्भा होता है। किसी ने उसे खड़ा किया है—कल और आज के दरम्यान। खम्भा ज़मीन से नहीं उगता।

मालिक : मुझे इसके बारे में कुछ भी मालूम नहीं है।

अध्यापक : आखिर यह किस मकसद के लिए है ?

मालिक : शायद यह लोक-निर्माण विभाग का काम हो। मुझे मालूम नहीं है ! या शायद सड़क-निर्माण विभाग। किसी भी तरह उन्हें कर में मिले धन को खर्च करना है। मुमकिन है कि कुछ बनाया जा रहा हो। शायद एक और सड़क। किसी को मालूम थोड़े ही पड़ता है। शायद मल-व्यवस्था...।

अध्यापक : शायद।

मालिक : या टेलीफोन विभाग।

अध्यापक : शायद नहीं भी।

मालिक : मुझे आपका मतलब समझ नहीं आया।

अध्यापक : भला खम्भे के साथ रस्सा किसलिए ?

मालिक : क्या मालूम !

अध्यापक : मैं निराशावादी नहीं हूँ, पागल भी नहीं हूँ। मुझे एक खम्भा दिखाई पड़ रहा है जिसका इस्तेमाल सभी तरह के...

मालिक : क्या हुआ ?

मालिक सराय के भीतर जाता है। अध्यापक अकेला खड़ा है। दोबारा घंटे बजते हैं। मिस्सा-परिधान पहने पादरी तेज कदमों से गुजरता है। उसके पीछे मिस्सा के लड़के चल रहे हैं। उनके लोबान-पात्रों से निकलती तेज गंध पीछे छूट जाती है। मालिक ब्रांडी लेकर आता है

मालिक : पचास पौंड चाहिए उसे ?

अध्यापक : मैं उनका इन्तज़ाम कर लूँगा।

मालिक : लेकिन कैसे ?

अध्यापक : किसी भी तरह।

अध्यापक ब्रांडी गटक लेता है

: जमीन बेचकर।

मालिक अध्यापक के पास बैठ जाता है

: या फिर किसी भी तरह...

मालिक : तुम्हारी जमीन है कितनी ?

अध्यापक : क्यों ?

मालिक : मैं कभी भी जमीन खरीद सकता हूँ। अगरचे वह बहुत महँगी न हो। मेरा मतलब है : अगर कहीं तुम्हें पैसे की बहुत जरूरत हो तो...

सराय में शोर उठता है

: मैं आता हूँ।

मालिक जाता है

अध्यापक : **(सराय-मालिक के वाक्य को दोहराते हुए)** अंडोरा के लोग मनमौजी हैं लेकिन जब बात पैसे की हो तो वे किसी यहूदी से कम नहीं हैं।

अध्यापक खाली गिलास ऐसे मुँह से लगाता है जैसे वह भरा हो और वह उसे एक साँस में गटक जाएगा। इस बीच जुलूस में जानेवाले कपड़े पहने बार्बलिन अध्यापक के पास आती है

बार्बलिन : पिताजी ?

अध्यापक : तुम जुलूस में क्यों नहीं गईं ?

बार्बलिन : तुमने वादा किया था कि तुम 'सेंट जार्ज-डे' पर नहीं पियोगे...

अध्यापक मेज पर एक सिक्का रखता है

: वे लोग यहीं से गुजरेंगे।

अध्यापक : एक ट्रेनिंग के लिए पचास पौंड !

इसी समय गाने और घंटों की आवाजें साफ और जोरों से सुनाई देने लगती हैं। नेपथ्य में जुलूस गुजर

जाता है। बार्बलिन प्रार्थना की मुद्रा में घुटने टेकती है। अध्यापक पूर्ववत् बैठा रहता है। कुछ और लोग वहाँ आ गए हैं। वे सभी घुटने टेककर झुकते हैं। उन सबके ऊपर झंडे दिखाई पड़ते हैं। मदर मैरी की सवारी ले जायी जा रही है। सभी अपनी छाती पर क्रॉस का चिह्न बनाते हैं। जुलूस धीमा, लंबा और खूबसूरत है। ऊँचे स्वर में गाया जा रहा गीत-संगीत नेपथ्य में धीरे-धीरे खत्म हो जाता है। सिर्फ घंटों की आवाजें सुनाई दे रही हैं। आन्द्री सराय से बाहर आता है। चौपाल के लोग जुलूस के अंत में उसी में शामिल होकर चले जाते हैं। आन्द्री एक तरफ खड़ा फुसफुसाता है

आन्द्री : बार्बलिन !

बार्बलिन क्रॉस का चिह्न बनाती है

आन्द्री : क्या तुम सुन रही हो ?

बार्बलिन उठ जाती है

: बार्बलिन !

बार्बलिन : क्या है ?

आन्द्री : मैं बढ़ई बनूँगा !

बार्बलिन जुलूस में सबसे पीछे चल देती है। आन्द्री अकेला रह जाता है

: आज पेड़ों में से सूरज भी हरा दिखाई दे रहा है। आज मेरे लिए भी घंटे बज रहे हैं।

वह अपना एप्रन उतार देता है

: मैं हमेशा सोचूँगा कि मैंने भी इन दिनों में खुशी से किलकारियाँ मारी थीं और मैं ऐसे वक्त में यहाँ खड़ा सिर्फ अपना एप्रन उतार रहा हूँ। यह खुशी का वक्त है। मैं यह वक्त कभी नहीं भूलूँगा...

सराय में जोरों से शोर उठता है

: बार्बलिन, हम लोग शादी करेंगे !

आन्द्री जाता है

सराय मा. : बाहर निकल ! नशे में धुत्त होकर हमेशा बकबकाने लगता है। मैं कहता हूँ निकल बाहर !

ढोल लिए सैनिक ठोकर खाता बाहर निकलता है

मालिक : अब मैं तुझे एक बूँद भी नहीं दूँगा।

फौजी : मैं फौजी हूँ।

मालिक : वह तो हमें दिखाई पड़ रहा है।

फौजी : मेरा नाम पाइडर है—पाइडर।

मालिक : हमें मालूम है।

फौजी : अच्छा !

मालिक : अब अपनी यह हुल्लड़बाजी बंद कर !

फौजी : मगर वो है कहाँ ?

मालिक : इस सबका कोई फायदा नहीं है, पाइडर। अगर कोई लड़की तुझे नहीं चाहती है तो नहीं चाहती है। और अब अपनी ये ढोल बजाने की डंडियाँ खोंस ले। तू नशे में है। जरा फौज की इज्जत का तो ख्याल कर !

मालिक सराय के भीतर जाता है

फौजी : कायर कहीं के ! ये लोग इस लायक हैं ही नहीं कि मैं इनके लिए लड़ूँ। लेकिन मैं फिर भी लड़ता हूँ। यह बात तो पक्की है। आखिरी दम तक। गुलामी से मौत भली। इसीलिए मैं कहता हूँ कि मैं एक फौजी हूँ और मेरी निगाह उस लड़की पर है।

आन्द्री जैकेट पहनते हुए बाहर आता है

फौजी : कहाँ है वो ?

आन्द्री : कौन ?

फौजी : तेरी बहन।

आन्द्री : मेरी कोई बहन नहीं है।

फौजी : वो बार्बलिन कहाँ है ?

आन्द्री : क्यों ?

फौजी : क्योंकि मेरी छुट्टियाँ हैं और मैं उस पर आँख लगाए हूँ...

आन्द्री ने अपनी जैकेट पहन ली है और आगे जाना चाहता है लेकिन फौजी उसे अड़ंगी मारता है। आन्द्री गिर पड़ता है। फौजी हँसता है

: अरे फौजी कोई बिजूखा नहीं होता है। समझा ? ऐसे जा रहा है जैसे मैं यहाँ मौजूद ही नहीं हूँ। भूल मत मैं एक फौजी हूँ और तू यहूदी।

आन्द्री बिना कुछ कहे उठ खड़ा होता है

: तू यहूदी ही है न, क्यों ?

आन्द्री चुप रहता है

: लेकिन तू भाग्यवान है और हर यहूदी तेरी तरह भाग्यवान नहीं होता। तू इतना भाग्यवान है कि खुद को लोकप्रिय बना सकता है।

आन्द्री अपनी पैंट की मिट्टी साफ करता है

: तूने सुना मैंने क्या कहा ? तू खुद को लोकप्रिय बना सकता है।

आन्द्री : किसके बीच ?

फौजी : फौज में।

आन्द्री : तुझसे शराब की बदबू आ रही है।

फौजी : क्या कहा तूने ?

आन्द्री : कुछ नहीं।

फौजी : मुझसे बदबू आ रही है ?

आन्द्री : दूर से ही आ रही है। हवा के दूसरी दिशा में होने के बावजूद।

फौजी : जो भी बोलना है सोच समझकर बोल।

फौजी अपनी साँस को सूँघने की कोशिश करता है

: मुझमें से किसी चीज़ की गंध नहीं आ रही है।

आन्द्री हँसता है

: यहूदी होना हँसने की बात नहीं है। यह बिल्कुल हँसने की बात नहीं है। तुझ जैसे को खुद को लोकप्रिय बनाने की कोशिश करनी चाहिए।

आन्द्री : क्यों ?

फौजी : **गला फाड़कर गाने लगता है**

जब हो जाए फौजी को प्यार
तो बंद कर दरवाज़े को यार
और होने दे फिर वहीं फर्श पर
अरे कपड़ों को अपने तू दूर कर
हाँ, तो जब फौजी को हो जाए प्यार

: मेरी तरफ ऐसे देखना बंद कर जैसे कि तू कोई साहब हो!

जब फौजी को हो जाए प्यार
तो बंद कर दरवाजे को यार

आन्द्री : मैं चलूँ ?

फौजी : साहब !

आन्द्री : मैं कोई साहब नहीं हूँ।

फौजी : ठीक है, तो फिर 'किचन ब्वॉय'।

आन्द्री : पहले का 'किचन ब्वॉय'।

फौजी : अब तेरे जैसे को कोई फौज में तो लेने से रहा।

आन्द्री : तुझे पता है कि यह क्या है ?

फौजी : पैसा ?

आन्द्री : मेरी तनख्वाह। अब मैं बढ़ई बनूँगा।

फौजी : आक् थू !

आन्द्री : यह क्या है ?

फौजी : आक् थू !

फौजी उसके हाथ से पैसे गिराकर हँसता है

: यह देख !

आन्द्री फौजी को आँखें फाड़कर देखता है

: यहूदी हमेशा सिर्फ पैसे के बारे में सोचता है।

आन्द्री बमुश्किल खुद को नियंत्रित करता है और झुककर नीचे पड़े सिक्के को उठा लेता है

: अच्छा तो क्या तू खुद को लोकप्रिय नहीं बनाना चाहता?

आन्द्री : नहीं।

फौजी : पक्का ?

आन्द्री : बिल्कुल।

फौजी : और फिर भी तेरे जैसे के लिए हम जंग करें ? आखिरी दम तक ? तुझे पता है इसका क्या मतलब है ? बारह बटालियनों के मुकाबले एक बटालियन। यही हिसाब बनता है। गुलामी से मौत भली—यह बात तय है, लेकिन तेरे लिये नहीं !

आन्द्री : आखिर क्या सही है ?

फौजी : अंडोरा का नागरिक कायर नहीं होता। अगर वे आसमान से टिड्डियों की तरह अपने पैराशूट लेकर आएँ तो भी वे आने नहीं पाएँगे। मेरे जिंदा रहते तो बिल्कुल नहीं। यह बात उतनी ही सही है जितनी यह कि मेरा नाम पाइडर है। यह मेरे जिंदा रहते नहीं होगा—यह बात पक्की है। उन्हें अपनी जिंदगी का सबसे बड़ा अचंभा होगा ?

आन्द्री : किसे सबसे बड़ा अचंभा होगा ?

फौजी : मेरे रहते नहीं आ सकेंगे वे !

एक मूर्ख का प्रवेश जो सिर्फ बेहूदगी से हँस और सिर हिला सकता है। फौजी काल्पनिक भीड़ से मुखातिब होता है

: तो सुन लिया न तुम लोगों ने फिर से ? यह कहता है कि हम डर रहे हैं। दरअसल यह खुद डरा हुआ है। यह कहता है कि हम आखिरी दम तक नहीं लड़ते हैं। हम

उनकी अधिक ताकत की वजह से नहीं मरते हैं बल्कि हम पूँछ दबा लेते हैं। हम इतने डरपोक हैं कि हमें पैरों तले कुचल दिया जाता है। यह ऐसी बातें मेरे मुँह पर बोलने की हिम्मत करता है—फौज के मुँह पर !

आन्द्री : मैं एक लफ़्ज भी नहीं बोला हूँ।

फौजी : मैं पूछता हूँ, क्या आपने यह सब सुना ?

मूर्ख सिर हिलाते हुए हँसता है

: अंडोरा का नागरिक कभी नहीं डरता !

आन्द्री : यह तो तू पहले ही कह चुका है।

फौजी : लेकिन तुझे डर लगता है।

आन्द्री चुप रहता है

: क्योंकि तू कायर है।

आन्द्री : भला मैं कायर कैसे हूँ ?

फौजी : क्योंकि तू यहूदी है।

मूर्ख बेहूदगी से हँसता और सिर हिलाता है

: अच्छा, तो अब मैं चलता हूँ।

आन्द्री : लेकिन बार्बलिन के पास नहीं।

फौजी : देखो, इसके कान कितने लाल हैं !

आन्द्री : बार्बलिन मेरी मंगेतर है।

फौजी हँसने लगता है

आन्द्री : यह सच्चाई है।

फौजी गला फाड़कर गाने लगता है

तो बंद कर दरवाजे को यार
और होने दे फिर वहीं फर्श पर

आन्द्री : चलता बन यहाँ से।

फौजी : मंगेतर ! बोलता है यह।

आन्द्री : बार्बलिन तुझे देखते ही मुँह घुमा लेगी।

फौजी : तो मैं पीछे से ही काम कर लूँगा।

आन्द्री : तू सुअर है।

फौजी : क्या कहा तूने ?

आन्द्री : सुअर।

फौजी : फिर से बोल। अरे देखो, यह कैसे काँप रहा है। जरा फिर से बोल ! जरा जोर से ताकि सारी चौपाल सुन ले! बोल फिर से !

आन्द्री चल देता है

फौजी : क्या कहा था उसने ?

मूर्ख भद्दी तरह से हँसता और सिर हिलाता है

: सुअर ? तो क्या मैं सुअर हूँ ?

मूर्ख सिर हिलाता हुआ हँसता है

: यह आदमी मुझे कतई पसंद नहीं है।

मंच के अगले हिस्से में बने गवाह के कठघरे में सराय का मालिक एप्रन पहने दाखिल होता है

मालिक : मैं मानता हूँ कि उन दिनों इस मामले में हम सभी गलत थे। स्वाभाविक रूप से मैंने भी उसी पर यकीन किया था जिस पर बाकी सभी लोग यकीन कर रहे थे। वह खुद भी आखिरी पल तक उसी पर यकीन करता रहा था। हर कोई इसी बात पर यकीन करता था कि वह एक यहूदी लड़का था जिसे हमारे अध्यापक ने सीमापार वाले कालों से बचाया था। हम सभी को यह बहुत अच्छा लगता था कि किस तरह अध्यापक ने उसे अपने बेटे की तरह पाला था। मैं तो खासतौर से इस बात का प्रशंसक था। भला क्या मैं ही उसे खम्भे तक ले गया था ? हममें से कोई भी यह बात नहीं जान सकता था कि आन्द्री उसका सगा बेटा था। हमारे अध्यापक का बेटा। जब वह मेरी सराय की रसोई में काम करता था तो क्या मेरा उसके प्रति बर्ताव बुरा था ? जो कुछ हुआ उसके लिए मैं जिम्मेदार नहीं था। आज इतने सालों के बाद मैं यही कह सकता हूँ कि इसके लिए मैं जिम्मेदार नहीं था।

दूसरा दृश्य

बार्बलिन के कमरे की दहलीज के पास आन्द्री और बार्बलिन

बार्बलिन : आन्द्री, सो रहे हो ?

आन्द्री : नहीं।

बार्बलिन : तुम मुझे चूमते क्यों नहीं ?

आन्द्री : मैं जाग रहा हूँ, बार्बलिन। मैं कुछ सोच रहा हूँ।

बार्बलिन : सारी रात सोचते रहते हो।

आन्द्री : क्या जो वे कहते हैं वह सही है ?

बार्बलिन जो उसकी गोद में सिर रखे लेटी थी अब उठ बैठती है और अपने बाल खोलती है

: तुम्हें लगता है कि वे ठीक कहते हैं ?

बार्बलिन : अब तुम फिर शुरू होने लगे।

आन्द्री : शायद वे ठीक कहते हैं।

बार्बलिन अपने बालों में व्यस्त है

: वे कहते हैं कि मुझ जैसे लोगों में संवेदना नहीं होती।

बार्बलिन : ऐसा कौन कहता है ?

आन्द्री : कुछ लोग।

बार्बलिन : अब जरा तुम मेरा ब्लाउज देखो !

आन्द्री : ...सभी लोग।

बार्बलिन : क्या मैं इसे उतार दूँ ?

बार्बलिन अपना ब्लाउज उतारती है

आन्द्री : जानती हो, वे कहते हैं कि मेरे जैसे लोग मस्त तो होते हैं लेकिन उनमें संवेदना नाम की चीज़ नहीं होती।

बार्बलिन : आन्द्री, तुम बहुत ज्यादा सोचते हो !

बार्बलिन फिर से उसकी गोद में लेट जाती है

आन्द्री : मुझे तुम्हारे बाल बहुत अच्छे लगते हैं। तुम्हारे लाल-लाल बाल—कितने हल्के, गर्म। इनके बिना तो मैं मर ही जाऊँगा।

आन्द्री उसके बालों को चूमता है

: और भला तुम क्यों नहीं सो रही हो ?

बार्बलिन कान लगाकर कुछ सुनती है

आन्द्री : यह क्या था ?

बार्बलिन : बिल्ली।

आन्द्री ध्यान से सुनता है

: मैंने उसे देखा है।

आन्द्री : क्या वह बिल्ली ही थी।

बार्बलिन : अब सभी सो रहे हैं...

बार्बलिन फिर से अपना सिर उसकी गोद में रखकर लेट जाती है

: चूमो मुझे !

आन्द्री हँसता है

बार्बलिन : तुम किस बात पर हँस रहे हो ?

आन्द्री : दरअसल मुझे तो आभारी होना चाहिए।

बार्बलिन : मुझे नहीं मालूम कि तुम किस बारे में बात कर रहे हो।

आन्द्री : तुम्हारे पिता के बारे में। उन्होंने ही मुझे बचाया था। अगर मैं उनकी बेटी को अपने प्रेम में फँसाऊँगा तो उन्हें यह मेरी नमकहरामी लगेगी। मैं हँस तो रहा हूँ लेकिन यह बात हँसने की नहीं होती कि किसी को अपनी जिन्दगी के लिए हमेशा किसी का आभारी रहना पड़े।

कुछ देर की चुप्पी

: शायद इसीलिए मैं खुशमिजाज़ नहीं हूँ।

बार्बलिन आन्द्री को चूमती है

आन्द्री : क्या तुम्हें पूरा विश्वास है, बार्बलिन कि तुम मुझे चाहती हो?

बार्बलिन : तुम हमेशा यह बात क्यों पूछते हो ?

आन्द्री : दूसरे लोग मुझसे ज्यादा खुशमिजाज़ हैं न ?

बार्बलिन : दूसरे लोग !

आन्द्री : शायद लोग ठीक कहते हैं। शायद मैं कायर हूँ वरना मैं तुम्हारे पिता के पास जाता और उन्हें कह देता कि हमारी सगाई हो चुकी है। क्या तुम्हें लगता है कि मैं कायर हूँ ?

दूर से गला फाड़कर गाने की आवाज आती है

आन्द्री : वे अभी तक चिल्ला-चिल्लाकर गा रहे हैं।

गाने की आवाजें बंद हो जाती हैं

बार्बलिन : मैं अब इसीलिए घर से बाहर नहीं निकलती ताकि वे मुझे शांति से रहने दें। आन्द्री, जब तुम काम पर चले जाते हो तो मैं सारे दिन तुम्हारे ही बारे में सोचती रहती हूँ। अब तुम मेरे साथ हो और हम अकेले हैं—मैं चाहती हूँ कि तुम बस मेरे बारे में सोचो। सुन रहे हो। मेरे और हमारे बारे में। मैं चाहती हूँ कि तुम्हें इस बात पर गर्व हो, हाँ आन्द्री, खुशी और गर्व कि मैं तुम्हें सबसे ज्यादा प्यार करती हूँ।

आन्द्री : गर्व होते ही मुझे डर लगने लगता है।

बार्बलिन : मुझे एक बार चूमो !

आन्द्री उसे चूमता है

: बार-बार चूमो !

आन्द्री सोचने लगता है

: आन्द्री, जब तुम मुझे अपनी बाँहों में लेकर चूमते हो,

तब मैं दूसरों के बारे में नहीं सोचती। यकीन करो, मैं उनके बारे में नहीं सोचती।

आन्द्री : लेकिन मैं।

बार्बलिन : तुम और तुम्हारे ये हर समय के 'दूसरे लोग' !

आन्द्री : मुझे फिर से नुकसान पहुँचाने की कोशिश की गई है।

घंटाघर का घंटा बजता है

: मैं नहीं जानता कि मैं दूसरों से किस तरह अलग हूँ। बताओ मुझे ! किस तरह ? मुझे यह बात नहीं समझ आती...

एक और घंटा बजता है

: तीन बज गए हैं।

बार्बलिन : चलो सो जाते हैं।

आन्द्री : मैं तुम्हें उकता रहा हूँ न।

बार्बलिन कुछ नहीं कहती

: मैं मोमबत्ती बुझा दूँ ? ...तुम सो जाओ। मैं तुम्हें सात बजे जगा दूँगा।

कुछ देर चुप्पी

: यह कोई अंधविश्वास नहीं है। अरे नहीं; ऐसे शापग्रस्त लोग भी होते हैं उनके साथ मनचाहा बर्ताव किया जा सकता है। मैं उनके जैसा ही हूँ। इससे कोई फर्क नहीं पड़ता कि मैं क्या करता हूँ। उन्हें मुझे एक बार देखने भर की जरूरत होती है और फिर अचानक मैं वैसा बन जाता हूँ जैसा उनके मुताबिक मुझे होना चाहिए। यही तो बुराई है। कोई भी इसे अपने भीतर नहीं रखना चाहता। तो फिर यह बुराई जाएगी कहाँ ? हवा में ! यह हवा में घूम रही है लेकिन यह वहाँ ज्यादा देर तक नहीं रहेगी। इसे तो किसी आदमी के अंदर दाखिल होना है ताकि वे इसे एक दिन पकड़कर मार डालें...

आन्द्री मोमबत्ती पकड़ता है

: क्या तुम पाइडर नाम के फौजी को जानती हो ?

बार्बलिन नींद में कुनमुनाती है

: उसकी निगाह तुम पर है।

बार्बलिन : उसकी !

आन्द्री : मैं तो सोच रहा था कि तुग रो गई हो।

फूँक मारकर मोमबत्ती बुझा देता है

मंच का अगला हिस्सा
बढ़ई कठघरे में आता है

बढ़ई : मैं मानता हूँ कि मैंने ट्रेनिंग के लिए पचास पौंड माँगे थे। क्योंकि मैं उसे अपनी कार्यशाला में नहीं लेना चाहता था। मैं जानता था कि इससे सिर्फ बेकार के लफड़े पैदा होंगे। आखिर वह सेल्समैन क्यों नहीं बनना चाहता था? मुझे लगता था कि यह काम उसके लिए उपयुक्त रहता। यह जानना नामुमकिन था कि वह यहूदी नहीं था। मैं यही कह सकता हूँ कि दरअसल मैं उसका भला ही चाहता था। बाद में जो कुछ हुआ उसके लिए मैं कुसूरवार नहीं था।

तीसरा दृश्य

घूर्णी की आवाज सुनाई दे रही है। बढ़ई की दुकान का दृश्य। आन्द्री और एक कारीगर एक नई बनी कुर्सी के साथ

आन्द्री : किसी के भी राजी न होने पर तो मैं 'लेफ्ट आउट' की पोजीशन में भी खेलता रहा हूँ। अगर तुम्हारी टीम मुझे लेना चाहे तो मैं जरूर आना चाहूँगा।

कारीगर : क्या तुम्हारे पास फुटबाल खेलनेवाले जूते हैं ?

आन्द्री : वे कितने के आते हैं ?

कारीगर : मेरे पास एक पुरानी जोड़ी है। मैं उसे तुम्हें बेच दूँगा। इसके अलावा तुम्हें एक काली निकर, एक पीली जर्सी और पीले मोजे तो चाहिए ही।

आन्द्री : मैं 'राइट आउट' ज्यादा अच्छा खेलता हूँ। लेकिन अगर तुम लोगों को 'लेफ्ट आउट' की ही जरूरत है तो ठीक है। कॉर्नर लेने में भी मैं बुरा नहीं हूँ।

आन्द्री हाथ मलता है

: अगर बात बन जाए, फेड्री, तो मज़ा आ जाए।

कारीगर : बात क्यों नहीं बनेगी ?

आन्द्री : फिर तो अच्छा है।

कारीगर : मैं कप्तान हूँ और तुम मेरे दोस्त हो।

आन्द्री : तो अभ्यास शुरू करता हूँ।

कारीगर : हाँ, लेकिन हाथ मत मलते रहना वरना दर्शक तुम पर हँसेंगे।

आन्द्री हाथों को पैंट की जेबों में डाल लेता है

: तुम्हारे पास सिगरेट है ? दो जरा मुझे ! उस्ताद मुझ पर नहीं चिल्लाएगा। चिल्लाएगा तो अपनी ही आवाज से डर जाएगा। कभी देखा है उसे मुझ पर चिल्लाते हुए ?

कारीगर सिगरेट जलाता है

आन्द्री : यह अच्छा है, फेड्री, कि तुम मेरे दोस्त हो।

कारीगर : यह है तुम्हारी पहली कुर्सी ?

आन्द्री : तुम्हें कैसी लगी ?

कारीगर कुर्सी का पैर उखाड़ने की कोशिश करता है। आन्द्री हँसता है

: ये नहीं निकलने वाला।

कारीगर : वह भी ऐसे ही करता है।

आन्द्री : करो, करो, कोशिश करो !

कारीगर नाकाम कोशिशें करता है

: वह आ रहा है।

कारीगर : तुम किस्मतवाले हो।

आन्द्री : भला इसमें किस्मत की क्या बात है ? हर अच्छी कुर्सी चूल से जुड़ी होती है। जो गोंद से जुड़ी होती है वही कमजोर होती हैं।

बढ़ई का प्रवेश

बढ़ई : ...लिख दो इन लोगों को कि मेरा नाम प्राडर है। प्राडर की कुर्सी टूटती नहीं—यह बात बच्चा-बच्चा जानता है। प्राडर की कुर्सी आख़िर प्राडर की कुर्सी होती है। मेरे यहाँ सौदेबाजी नहीं होती।

दोनों से

: तुम लोगों की क्या छुट्टियाँ चल रही हैं ?

कारीगर फुर्ती से चला जाता है

: यहाँ पर सिगरेट किसने पी है ? मुझे महक आ रही है।

आन्द्री चुप रहता है

: अगर तुझमें जरा भी हिम्मत होती, आन्द्री !

आन्द्री : आज शनिवार है।

बढ़ई : इसका क्या मतलब है ?

आन्द्री : मेरी ट्रेनिंग का इम्तहान। आपने कहा था कि इस महीने के आखिरी शनिवार को इम्तहान होगा। ये रही मेरी बनाई पहली कुर्सी।

बढ़ई एक कुर्सी पकड़ता है

: यह नहीं, उस्ताद। दूसरीवाली।

बढ़ई : बढ़ई बनना आसान नहीं होता। खासकर अगर यह किसी के खून में न हो तो। भला यह तुम्हारे खून में कहाँ से आ सकता है ? मैंने तो तुम्हारे पिता को शुरुआत में ही कह दिया था। और फिर तुम बिक्री विभाग में क्यों नहीं जाते ? जिस लकड़ी के साथ आदमी बड़ा न हुआ हो, उस पर काम करना बहुत मुश्किल होता है। अब तुम लोग चाहे लेबनान की देवदारु की लकड़ी की कितनी भी तारीफ करो लेकिन यहाँ हमारे देश में तो अंडोरावाली शाहबलूत पर ही काम होता है।

आन्द्री : यह तो करंज की लकड़ी है।

बढ़ई : अब क्या तुम मुझे मेरा काम सिखाओगे ?

आन्द्री : मुझे लगा, आप मेरा इम्तहान ले रहे हैं।

बढ़ई कुर्सी का पैर खींचने की कोशिश करता है

आन्द्री : उस्ताद, यह कुर्सी मेरी नहीं है।

बढ़ई : यह देखो !

बढ़ई एक पैर निकालकर अलग करता है

क्या कहा था मैंने ?

बढ़ई बाकी तीन पैर भी अलग कर डालता है

: देख लो, ऐसे निकल आयी हैं जैसे मेंढक की टाँगें हों।

अब मैं इस तरह का कूड़ा बेचूँगा ! प्राडर की कुर्सी—जानते हो इसका मतलब ? देखो—

बढ़ई कुर्सी के टूटे हिस्सों को आन्द्री के पैरों की तरफ फेंक देता है

आन्द्री : आपको गलतफहमी हो गई है।

बढ़ई : यह देखो, यह है असली कुर्सी !

बढ़ई दूसरी कुर्सी पर बैठ जाता है

: अब भगवान की मर्जी है जो मैं सौ किलो का हूँ। लेकिन बढ़िया कुर्सी चरमराती नहीं। कोई अच्छा-खासा आदमी भी उस पर बैठ जाए तो भी हिलती नहीं। बताओ, क्या यह चरमरा रही है ?

आन्द्री : नहीं।

बढ़ई : क्या यह हिल रही है ?

आन्द्री : नहीं।

बढ़ई : देखा !

आन्द्री : यह कुर्सी मैंने बनाई है।

बढ़ई : तो वह फूहड़ चीज किसने बनाई होगी ?

आन्द्री : मैंने तो आपको पहले ही बता दिया था।

बढ़ई : फेड्री ! फेड्री !

घूर्णी बंद हो जाती है

: तुझ जैसे को रखकर खीज ही मिल सकती है। यह बात मुझे पहले से ही मालूम थी।

कारीगर का प्रवेश

: हाँ तो फेड्री, तू कारीगर या क्या है ?

कारीगर : मैं—

बढ़ई : प्राडर एंड संस के साथ तू कब से काम कर रहा है ?

कारीगर : पाँच साल से।

बढ़ई : बता कौन-सी कुर्सी तूने बनाई थी ? यह या फिर वह कबाड़? जवाब दे !

कारीगर टूटी कुर्सी को गौर से देखता है

: साफ-साफ जवाब दे।

कारीगर : मैं–

बढ़ई : बता तूने चूल से जोड़ा था या नहीं ?

कारीगर : हर अच्छी कुर्सी चूल से जुड़ी होती है।

बढ़ई : तू सुन रहा है ?

कारीगर : जो कुर्सी गोंद से जुड़ी होती है सिर्फ वही खींचने से टूट जाती है।

बढ़ई : अब तू जा !

कारीगर घबरा जाता है

: मेरा मतलब है भीतर जा।

फेड्री चला जाता है

: यह तेरे लिए एक सीख है। मुझे तो पहले से ही पता था कि तेरी जगह कार्यशाला में नहीं है।

बढ़ई बैठकर अपना पाइप सुलगाता है

: इतनी लकड़ी बरबाद हो गई।

आन्द्री चुप रहता है

बढ़ई : इस लकड़ी को जलाने के लिए ले जा।

आन्द्री : नहीं !

बढ़ई फिर से पाइप सुलगाता है

आन्द्री : मैंने जो कहा है, उससे पीछे नहीं हटूँगा। आप मेरी बनाई कुर्सी पर बैठे हैं। आपको जैसे ठीक लगता है वैसे झूठ बोलकर आप अपनी पाइप सुलगाने बैठ जाते हैं। आप, हाँ आप ! हाँ, मैं आपसे डरता हूँ, मैं काँप रहा हूँ। आखिर क्यों आपकी नजर में मेरे कोई अधिकार नहीं हैं ? मैं सोचता था, मैं जवान हूँ : मुझे विनम्रता से पेश आना चाहिए। लेकिन इससे कुछ फर्क नहीं पड़ता। आप प्रमाणों पर ध्यान ही नहीं देते। आप मेरी बनाई कुर्सी पर बैठे हैं। लेकिन इससे भला आपको क्या ! इससे कोई

फर्क नहीं पड़ता कि मैं क्या करूँगा। आपने मेरे किए को मेरे खिलाफ तोड़-मरोड़ कर रख ही देना है। आपकी घृणा का कोई अंत नहीं है। मैं और चुप नहीं रह सकता। यह सब मुझे जलाए दे रहा है। और आप मेरी बात सुन तक नहीं रहे हैं। आप तो बस बैठे-बैठे अपनी पाइप फूँक रहे हैं। मैं आपके मुँह पर कहे देता हूँ कि आप सरासर झूठ बोल रहे हैं। आप अच्छी तरह जानते हैं कि आप कैसी नीचता भरी चालें चल रहे हैं। गंदी-नीच चालें। आप मेरी बनाई कुर्सी पर बैठे पाइप फूँक रहे हैं। आखिर मैंने आपका क्या बिगाड़ा है ? आप मानना ही नहीं चाहते कि मैं भी किसी लायक हूँ। आप मेरी निंदा क्यों करते हैं? सारे दिन आप लोग मेरी निंदा करते हैं, मेरा मखौल उड़ाते हैं। भला आप सच्चाई से भी बड़े कैसे हो सकते हैं ? और सच क्या है—यह आप अच्छी तरह जानते हैं। दरअसल आप उसी पर बैठे हैं।

बढ़ई ने आखिरकार अपना पाइप सुलगा लिया है

: आप कतई बेशर्म हैं।

बढ़ई : इस बेकार की बक-बक का कोई फायदा नहीं है, छोकरे!

आन्द्री : मेंढक कहीं का।

बढ़ई : पहली बात तो यह कि यहाँ कोई 'विलाप-स्थली'[1] नहीं है। दूसरी बात, मैंने ऐसा नहीं कहा है कि मैं तुझे बर्खास्त कर रहा हूँ। मेरे पास तेरे लिए दूसरा काम है। अपना एप्रन उतार दे। मैं तुझे बताता हूँ कि ऑर्डर कैसे लिखते हैं। क्या तू अपने उस्ताद की बात सुन रहा है ? हर उस ऑर्डर पर तू आधा पौंड कमाएगा जो तू अपनी इस बक-बक से लाएगा। तीन ऑर्डरों पर एक पौंड। एक पूरा पौंड। यही है जो तेरे जैसों के खून में होता है। मेरा

---

1. विलापस्थली : हेरोड के पुरातन मंदिर की शेष दीवार जहाँ पर यहूदी परंपरागत रूप से प्रार्थना और धार्मिक विलाप के लिये एकत्र होते हैं।

यकीन कर। हर किसी को वही काम करना चाहिए, जो उसके खून में हो। तू पैसा कमा सकता है, आन्द्री—बहुत सारा पैसा...

आन्द्री स्तब्ध खड़ा है

: ठीक है ?

: **बढ़ई उठ जाता है और आन्द्री का कंधा थपथपाता है**

: मैं तो तेरा भला ही चाहता हूँ।

बढ़ई जाता है। घूर्णी की आवाज फिर से शुरू हो जाती है।

आन्द्री : लेकिन मैं तो बढ़ई बनना चाहता था...

मंच का अगला हिस्सा
कारीगर मोटर साइकिल सवारोंवाली जैकेट पहने कठघरे में आता है

कारीगर : मैं मानता हूँ कि टूटनेवाली कुर्सी उसने नहीं बल्कि मैंने बनाई थी। मैं बाद में उससे इस बारे में बात भी करना चाहता था। लेकिन तब तक उसकी हालत ऐसी हो गई थी कि उससे बात करना नामुमकिन हो गया था। बाद में वह मुझे बिल्कुल अच्छा नहीं लगता था। मैं यह भी मानता हूँ कि वह बाद में हम लोगों को अभिवादन भी नहीं करता था। मैं यह नहीं कहता कि उसके साथ जो हुआ वह ठीक था लेकिन जो कुछ हुआ उसके लिए वह खुद भी दोषी था—वरना वह सब कभी नहीं होता। जब हम लोगों ने दोबारा फुटबाल खेलने के लिए पूछा तो वह हमारे मुकाबले खुद को मालूम नहीं क्या चीज़ समझ रहा था। यह मेरा कुसूर नहीं था कि वे उसे बाद में पकड़ ले गए थे।

चौथा दृश्य

अध्यापक के घर का एक कमरा। बैठे हुए आन्द्री की एक डॉक्टर जाँच कर रहा है। डॉक्टर ने एक चम्मच से आन्द्री की जबान दबा रखी है। साथ ही माँ खड़ी है

आन्द्री : अंऽऽऽऽडोऽऽऽरोऽऽऽ।

डॉक्टर : जोर से, दोस्त, और जोर से।

आन्द्री : अंऽऽऽऽडोऽऽऽरोऽऽऽ।

डॉक्टर : क्या एक लम्बी चम्मच मिलेगी ?

माँ चम्मच लाने जाती है

: क्या उम्र है तुम्हारी ?

आन्द्री : बीस।

डॉक्टर छोटा-सा सिगार जलाता है

: मैं पहले कभी बीमार नहीं पड़ा।

डॉक्टर : तुम तंदुरुस्त लड़के हो—यह बात तो मैं देख ही रहा हूँ। शिष्ट और स्वस्थ लड़के मुझे अच्छे लगते हैं। Mens sana in corpore sano,[1] जानते हो इसका मतलब।

आन्द्री : नहीं।

डॉक्टर : तुम क्या करते हो ?

आन्द्री : मैं बढ़ई बनना चाहता था।

---

1. Sound mind in sound body (Latin)— स्वस्थ शरीर—स्वस्थ दिमाग

डॉक्टर : अपनी आँखें दिखाओ।

डॉक्टर जैकेट की जेब से एक टार्च निकालकर आन्द्री की आँखें जाँचता है

: अब दूसरी दिखाओ !

आन्द्री : क्या है—वायरस ?

डॉक्टर : मैं तुम्हारे पिता को बीस साल पहले मिला था। मैं तब नहीं जानता था कि उसका कोई बेटा भी है। हम उसे बैल कहकर बुलाते थे। सीधे दीवार पर टक्कर मारने को तैयार। वह बहुत जीवटवाला आदमी था। अपनी बात को हर हाल में मनवाना जानता था। उन दिनों वह बड़ी सुर्खियों में था। एक नवयुवक अध्यापक जो स्कूली किताबें फाड़ रहा था क्योंकि वह दूसरी किताबें चाहता था। जब उसे दूसरी किताबें नहीं मिलीं तो उसने अंडोरा के बच्चों को सुन्दर, लाल पेंसिल से स्कूली किताबों में पेज-दर-पेज वहाँ निशान लगाना सिखाया जहाँ पर गलत बातें लिखी हुई थीं। उसकी बातों को काटा न जा सका। क्या आदमी था ! कोई नहीं जानता था कि वह क्या चाहता था। बहुत जीवटवाला शख्स था। औरतें उसे पाने को व्याकुल रहती थीं—ओह—धन्यवाद।

माँ का चम्मच लेकर प्रवेश

: तुम्हारा बेटा मुझे अच्छा लगा।

जाँच जारी करता है

: बढ़ईगीरी अच्छा काम है—अंडोरा का खास काम। दुनिया में कहीं भी अंडोरा जैसे बढ़िया बढ़ई नहीं हैं। यह बात तो जानी-मानी है।

आन्द्री : अंऽऽऽडोऽऽऽराऽऽऽ।

डॉक्टर : एक बार फिर।

आन्द्री : अंऽऽऽडोऽऽऽराऽऽऽ।

माँ : क्या कुछ गम्भीर बात है, डॉक्टर ?

डॉक्टर : क्या डॉक्टर ! मेरा नाम फेरर है।

आन्द्री की नाड़ी पकड़ता है

: सही कहा जाए तो प्रोफेसर कहना चाहिए। ऐसा नहीं है कि मैं उपाधियों को बहुत अधिक आँकता हूँ। कहते हैं कि अंडोरा के लोग सीधे-सादे होते हैं। इस बात का भी बड़ा महत्त्व है। अंडोरा का नागरिक कभी सिर नहीं झुकाता। मैं भी बहुत-सी उपाधियाँ ले सकता था। अंडोरा एक गणराज्य है और मैं दुनिया भर में इसकी मिसालें देता रहा हूँ। हमारे यहाँ हर कोई बस वही समझा जाता है, जो वह होता है। आपको क्या लगता है कि बीस साल बाद मैं फिर वापस क्यों आ गया?

डॉक्टर नब्ज गिनने के लिए चुप हो जाता है

: हूँ...

माँ : क्या कुछ खास बात है, प्रोफेसर ?

डॉक्टर : मोहतरिमा, जब कोई मेरी तरह सारी दुनिया घूम चुका हो, उसी को पता चलता है कि मातृभूमि का क्या मतलब होता है ! यही मेरी जगह है। उपाधियाँ मिलें या न मिलें—मेरी जड़ें तो यहीं पर हैं।

आन्द्री खाँसता है

: इसे खाँसी कब से आ रही है ?

आन्द्री : जब से आपने अपना सिगार जलाया है, प्रोफेसर।

डॉक्टर : अंडोरा एक छोटा लेकिन स्वतंत्र देश है। भला ऐसा देश और कहाँ है ? दुनिया के किसी भी देश का नाम इससे सुन्दर नहीं है। दुनिया में कहीं भी लोग इतने स्वतंत्र नहीं हैं। अपना मुँह खोलो, दोस्त, अपना मुँह खोलो। तुम्हारे गले का फिर से मुआइना करना है।

डॉक्टर आन्द्री के गले को देखता है, फिर गले से चम्मच निकाल लेता है

: कुछ सूजन है।

आन्द्री : मुझे ?

डॉक्टर : सिरदर्द होता है ?

आन्द्री : नहीं।

डॉक्टर : नींद नहीं आती ?

आन्द्री : हाँ, लेकिन इसके कारण नहीं।

डॉक्टर फिर से चम्मच उसके गले में डालता है

: अंऽऽऽ..... डोऽऽऽ राऽऽऽ

डॉक्टर : हाँ, यह अच्छा है। इसी तरह आवाज आनी चाहिए। जिससे हमारी मातृभूमि का नाम सुनते ही हर यहूदी जमीन में धँस जाए।

आन्द्री उचकता है

: अरे, चम्मच नहीं सटक जाना !

माँ : आन्द्री...

आन्द्री खड़ा हो जाता है

डॉक्टर : ज्यादा चिन्ता की बात नहीं है। बस थोड़ी-सी सूजन है। परेशानी की कोई बात नहीं है। खाना खाने से पहले एक गोली...

आन्द्री : हर यहूदी को जमीन में क्यों धँस जाना चाहिए ?

डॉक्टर : मैंने गोलियाँ कहाँ रख दी हैं ?

डॉक्टर अपने बैग में ढूँढ़ता है

: ऐसा तुम इसलिए पूछ रहे हो दोस्त, क्योंकि तुमने अभी दुनिया नहीं देखी है। मैं यहूदियों को जानता हूँ। जहाँ भी जाओ, वे पहले से ही मौजूद होते हैं। यहूदी हमेशा सब कुछ बेहतर जानता है और तुम जैसे सीधे-सादे अंडोरा के बाशिन्दे को अपना बोरिया-बिस्तर बाँधने पर मजबूर कर सकता है। ऐसा ही होता है। यहूदी की सबसे बुरी बात उसकी बेहद महत्त्वाकांक्षा होती है। मैं जानता हूँ कि वे इस समय दुनिया भर के प्रोफेसरों के पद हथियाए बैठे हैं। ऐसे में हम जैसों के लिए अपनी

मातृभूति के अलावा और कुछ नहीं बचता है। इसके बावजूद मुझे यहूदियों से कोई बैर नहीं है। मैं घृणा में यकीन नहीं करता। मैंने भी यहूदियों को बचाया है, हालाँकि वे मुझे फूटी आँख नहीं भाते। और बदले में क्या मिला ? उन्हें बदला नहीं जा सकता। दुनिया भर के विश्वविद्यालयों में वे प्रमुख-पद हथियाए बैठे हैं। उन्हें बदला नहीं जा सकता।

डॉक्टर दवाई की गोलियाँ देता है

: ये रहीं तुम्हारी गोलियाँ !

आन्द्री गोलियाँ लिये बिना चल देता है

: भला इसे अचानक क्या हुआ ?

माँ : आन्द्री ! आन्द्री !

डॉक्टर : बस उठा और चल दिया !

माँ : आपको यहूदियों के बारे में यह सब नहीं कहना चाहिए था, प्रोफेसर !

डॉक्टर : क्यों नहीं ?

माँ : आन्द्री खुद यहूदी है।

हाथ में स्कूली कॉपियाँ लिये अध्यापक का प्रवेश

अध्यापक : क्या हुआ ?

माँ : कुछ नहीं। तुम उत्तेजित मत हो। कुछ नहीं हुआ।

डॉक्टर : भला मुझे कैसे मालूम होता !

अध्यापक : क्या ?

डॉक्टर : भला तुम्हारा बेटा यहूदी कैसे है ?

अध्यापक चुप रहता है

डॉक्टर : एक तो मैंने उसकी जाँच की, उससे बातें कीं, उसे बताया कि वायरस क्या होता है और फिर भी वह उठा और चल दिया।

अध्यापक : मुझे कुछ काम करना है।

चुप्पी छा जाती है

माँ : आन्द्री को हमने पाला है।

अध्यापक : नमस्कार।

डॉक्टर : नमस्कार।

डॉक्टर अपना हैट और बैग उठाता है

: मैं चलता हूँ।

डॉक्टर जाता है

अध्यापक : इस बार क्या हो गया ?

माँ : तुम उत्तेजित मत हो !

अध्यापक : यह यहाँ कैसे आया ?

माँ : यह नया सरकारी डॉक्टर है।

डॉक्टर का दोबारा प्रवेश

डॉक्टर : इस सबके बावजूद उसे दवाई खा लेनी चाहिए।

डॉक्टर अपना हैट उतारता है

: जो कुछ हुआ उसका मुझे खेद है।

फिर से हैट पहन लेता है

: आखिर मैंने कहा ही क्या था... यह जो मैंने... मैंने तो मज़ाक किया था, हाँ, लेकिन ये लोग मज़ाक भी नहीं समझते, यह बात देख रहा हूँ। भला कभी किसी ने ऐसा यहूदी देखा है जो मज़ाक समझता हो ? खैर, मैंने तो कभी नहीं देखा... मैंने सिर्फ यही कहा था कि मैं यहूदियों को जानता हूँ। मुझे लगता है कि अंडोरा में अभी भी सच बोलने की आजादी है...

अध्यापक कुछ नहीं बोलता

डॉक्टर : भला मैंने अपना हैट कहाँ रख दिया ?

अध्यापक डॉक्टर के पास जाकर उसके सिर पर से हैट उतारता है और दरवाजा खोलकर उसे बाहर फेंक देता है

अध्यापक : वह रहा आपका हैट।

डॉक्टर चला जाता है

माँ : मैंने तुमसे कितनी बार कहा है कि तुम उत्तेजित मत हुआ करो। अब यह डॉक्टर इस बात के लिए तुम्हें कभी माफ नहीं करेगा। तुम सारी दुनिया से झगड़ लेते हो। इस सबसे आन्द्री के लिए भी जिन्दगी कुछ आसान नहीं बनती।

अध्यापक : आन्द्री को बुलाओ।

माँ : आन्द्री ! आन्द्री !

अध्यापक : अब एक इसी की कमी थी। यह और सरकारी डॉक्टर! मैं नहीं जानता क्यों, लेकिन आजकल इस दुनिया की यही प्रवृत्ति है—सबसे बुरी राह पर चलना।

आन्द्री और बार्बलिन आते हैं

: आन्द्री, आज से एक बात की गाँठ बाँध लो। तुम्हें लोगों की बातों पर ध्यान नहीं देना है। तुम जानते हो, आन्द्री, मुझे गलत बात बिल्कुल बर्दाश्त नहीं होती।

आन्द्री : जी, पिताजी।

अध्यापक : अगर यह सरकारी डॉक्टर फिर दोबारा अपना गन्दा मुँह खोलता है तो मैं कहे देता हूँ—वह सीढ़ियों के नीचे ही पड़ा मिलेगा। सिर्फ उसका हैट ही नहीं, वह खुद भी। **(माँ से)** मैं उनसे डरता नहीं हूँ। **(आन्द्री से)** और तुम समझे, तुम्हें भी उनसे डरने की कोई जरूरत नहीं है। हम मिलकर रहेंगे—तुम और मैं, दो मर्दों की तरह, दोस्तों की तरह आन्द्री, बाप-बेटे की तरह। क्या मैंने हमेशा तुम्हारे साथ अपने बेटे जैसा बर्ताव नहीं किया है ? कभी तुम्हारी उपेक्षा की है ? कह दो मेरे मुँह पर अगर ऐसा है तो ! कभी तुम्हें अपनी बेटी से अलग समझा है ? कहो आन्द्री, मैं सुनने को तैयार हूँ।

आन्द्री : मैं क्या कहूँ पिताजी ?

अध्यापक : मुझे बिल्कुल अच्छा नहीं लगता, आन्द्री, जब तुम गिरसा के लड़कों की तरह खड़े हो जाते हो। मैं नहीं जानता

कि कहीं तुम मेरे डर के कारण तो ऐसे आज्ञाकारी नहीं बन जाते हो। कभी-कभी मैं गुस्से से बिफर जाता हूँ—मैं जानता हूँ कि यह मेरी गलती है। एक परवरिश करने वाले शख्स के रूप में मुझसे क्या कुछ हो गया है—मैंने कभी इसका हिसाब भी नहीं रखा है।

माँ मेज पर खाना लगाती है

: क्या माँ कभी तुम्हारे साथ निर्ममता से पेश आई ?

माँ : ये क्या भाषण दिये जा रहे हो ! कोई सुने तो समझेगा कि जैसे किसी भीड़ के सामने खड़े बोल रहे हो।

अध्यापक : मैं आन्द्री से बातें कर रहा हूँ।

माँ : अच्छा !

आन्द्री : मर्दों के बीच बातें।

माँ : मेज पर खाना लग गया है।

माँ बाहर जाती है

अध्यापक : मुझे बस यही तुमसे कहना था।

बार्बलिन मेज पर खाने का सामान पूरा करती है

: अगर यह प्रोफेसर विदेश में इतना बड़ा आदमी है तो फिर यह बाहर ही क्यों नहीं रहता। इसे तो दुनिया के किसी भी विश्वविद्यालय से डॉक्टर की उपाधि भी नहीं मिल सकी ? यह देशभक्त जो सिर्फ इसलिए हमारा डॉक्टर बन गया है क्योंकि मातृभूमि और अंडोरा के जाप बिना इससे एक वाक्य भी नहीं बनता है। इसमें भला किसका कुसूर है कि उसकी महत्त्वाकांक्षा पूरी नहीं हो पाई ? यहूदियों के अलावा और किसका ? यहूदी ! मैं इस शव्द को और नहीं सुनना चाहता।

माँ सूप लाती है

: और तुम भी, आन्द्री, इस लफ़्ज को कभी जबान पर नहीं लाना। समझे ? मुझे यह बिल्कुल अच्छा नहीं लगता। उन्हें नहीं मालूम कि वे क्या बोलते हैं और मैं

नहीं चाहता कि उस सब पर यकीन करो, जो वे बोलते हैं। तुम खुद ही सोचो, भला इस सबका कोई मतलब है ? मेरी बात हमेशा याद रखना ! समझे ?

माँ : अब क्या तुमने अपनी बात कह ली ?

अध्यापक : इसका भी कोई मतलब नहीं है।

माँ : तो फिर जरा सबके लिए डबलरोटी काटो।

अध्यापक डबलरोटी काटता है

आन्द्री : दरअसल मैं कुछ और पूछना चाहता था...

माँ सबके लिए सूप परोस रही है

: शायद तुम लोगों को अब मालूम हो गया हो। नहीं; कुछ भी नहीं हुआ है। घबराने की कोई जरूरत नहीं है। असल में मैं ही यह नहीं जानता हूँ कि इस तरह की बातें कैसे की जाती हैं। मैं इक्कीस का होने जा रहा हूँ और बार्बलिन उन्नीस की है...

अध्यापक : तो फिर ?

आन्द्री : हम शादी करना चाहते हैं।

अध्यापक के हाथ से डबलरोटी गिर जाती है

: हाँ, मैं यही बात करने आया हूँ। मैं बढ़ईगीरी का इम्तहान पास करने के बाद ही इस बारे में बात करना चाहता था। लेकिन तुम लोग तो जानते ही हो कि उसका क्या बना। अब हम सगाई करना चाहते हैं ताकि सभी को इस बात का पता चल जाए और वे हर मौके पर बार्बलिन के पीछे भागना बंद करें।

अध्यापक : ...शादी ?

आन्द्री : पिताजी, मैं तुमसे तुम्हारी बेटी का हाथ माँगता हूँ।

अध्यापक किसी मुजरिम की भाँति खड़ा हो जाता है

माँ : इस बात के कारण डबलरोटी नीचे गिराने की जरूरत नहीं है।

माँ जमीन से डबलरोटी उठाती है

: वे एक-दूसरे को प्यार करते हैं।

अध्यापक : चुप रहो।

चुप्पी छा जाती है

आन्द्री : बात यह है, पिताजी, कि हम एक-दूसरे को प्यार करते हैं। हमारे लिए इस बारे में बात करना कठिन है। बचपन के उन दिनों से ही, जब हम एक कमरे में सोते थे, हम शादी की बात सोचते रहे हैं। स्कूल में हम झिझकते थे क्योंकि वहाँ सभी लोग हम पर हँसते थे। वे कहते थे, तुम दोनों शादी नहीं कर सकते, क्योंकि तुम बहन-भाई हो। एक बार हम कंटालिका[1] खाकर आत्महत्या करना चाहते थे क्योंकि हम भाई-बहन थे। लेकिन उन सर्दी के दिनों में कंटालिका भला कैसे मिलती। फिर हम तब तक रोते रहे जब तक कि माँ को हमारे रोने का पता नहीं चला। फिर तुम आ गई थीं माँ। तुमने हमें ढाढस बँधाया था और बताया था कि हम भाई-बहन नहीं हैं। और फिर वह लम्बी कहानी कि किस तरह पिताजी मुझे इसलिए सरहद से बचाकर ले आए थे क्योंकि मैं यहूदी हूँ। तब मैं यह जानकर बहुत खुश हुआ था। उसके बाद से हम एक कमरे में नहीं सोते हैं। आखिरकार अब हम बच्चे नहीं रहे।

अध्यापक जड़ीभूत हो जाता है

: अब समय आ गया है, पिताजी, कि हम शादी कर लें।

अध्यापक : आन्द्री, ऐसा नहीं हो सकता।

माँ : क्यों नहीं ?

अध्यापक : क्योंकि ऐसा नहीं हो सकता !

माँ : चिल्लाओ मत।

---

1. एक जहरीला पौधा

अध्यापक : नहीं, नहीं, नहीं।

बार्बलिन सिसकियाँ भरने लगती है

माँ : तू अब रोना बंद कर।

बार्बलिन : मैं जान दे दूँगी।

माँ : बकवास मत कर !

बार्बलिन : मैं फौजियों के पास चली जाऊँगी।

माँ : भगवान तुझे सजा देगा।

बार्बलिन : तो देने दो।

अध्यापक : बार्बलिन ?

बार्बलिन बाहर भाग जाती है

अध्यापक : ये बड़ी अजीब लड़की है। इसे छोड़ दो। तुम्हें तो तमाम दूसरी लड़कियाँ मिल जाएँगी।

आन्द्री झटके से अपने को अध्यापक से अलग करता है

: आन्द्री !

आन्द्री : वह पागल हो गई है।

अध्यापक : तुम यहीं रुको।

आन्द्री रुक जाता है

: आन्द्री यह पहली बार है कि मुझे तुम्हें मना करना पड़ रहा है।

हथेलियों से अपने चेहरे को ढँक लेता है

: नहीं !

माँ : मैं तुम्हें बिल्कुल नहीं समझ पा रही हूँ, कैन। तुम्हें अनायास यह कैसी ईर्ष्या हो रही है ? बार्बलिन उन्नीस की हो रही है। और फिर किसी-न-किसी को तो आना ही है। फिर आन्द्री क्यों नहीं ? हम उसे जानते भी हैं। यह तो संसार का चलन है। तुम इस तरह टकटकी लगाकर सिर क्या हिला रहे हो? क्या तुम अपनी बेटी को वहीं नहीं दोगे जहाँ उसे बहुत-सी खुशी मिले। तुम

चुप हो। क्या तुम उसकी शादी नहीं करोगे ? वास्तव में तुम इसलिए चुप हो, कैन, कि तुम्हें युवाओं से, यहाँ तक कि जिन्दगी से भी ईर्ष्या हो रही है। इसलिए कि जिन्दगी अब तुम्हारे बिना भी चलती रहेगी।

अध्यापक : तुम्हें शायद कुछ ज्यादा ही जानकारी है।

माँ : मैं सिर्फ पूछ रही हूँ।

अध्यापक : बार्बलिन अभी बच्ची है।

माँ : ऐसा हर पिता कहता है। वह तुम्हारे लिए बच्ची है, कैन, आन्द्री के लिए नहीं।

अध्यापक चुप रहता है

माँ : तुम इन्कार क्यों कर रहे हो ?

अध्यापक चुप बना रहता है

आन्द्री : क्योंकि मैं यहूदी हूँ।

अध्यापक : आन्द्री !

आन्द्री : यही तो कहा जाता है।

अध्यापक : यहूदी ! यहूदी !

आन्द्री : ऐसा ही है।

अध्यापक : यहूदी ! हर दूसरा शब्द यहूदी। कोई दिन नहीं गुजरता। हर दूसरा शब्द यहूदी। बिना यहूदी कोई दिन नहीं—कोई रात नहीं। जब कोई खर्राटे भी भरता है तो मुझे यहूदी ही सुनाई देता है—यहूदी-यहूदी। बिना यहूदी कोई मज़ाक नहीं, बिना यहूदी कोई खरीद-फरोख्त नहीं। यहूदी बिना कोई गाली नहीं। जहाँ कोई भी नहीं होता वहाँ भी मुझे यहूदी सुनाई देता है। बच्चे भी यहूदी का खेल खेलते हैं। मैं पीठ मोड़ लेता हूँ तब भी हर कोई यही बकता रहता है। गलियों में घोड़े भी यही हिनहिनाते हैं—यहूदी...

माँ : अब तुम बढ़ा-चढ़ा कर बोल रहे हो।

अध्यापक : क्या मेरे मना करने के दूसरे कारण नहीं बचे हैं ?

माँ : तो बताओ उन्हें !

अध्यापक कुछ नहीं बोलता। फिर अपना हैट उठा लेता है

माँ : कहाँ जा रहे हो ?

अध्यापक : जहाँ कुछ राहत, कुछ शांति मिले।

वह दरवाजा जोर से बंद करता हुआ चला जाता है

माँ : अब फिर यह आधी रात तक पीते रहेंगे।

आन्द्री धीरे-धीरे मंच के दूसरे छोर पर चला जाता है

: आन्द्री ?— अब सभी एक-दूसरे से अलग हो गए हैं।

पाँचवाँ दृश्य

अंडोरा का चौपाल। अध्यापक सराय के आगे अकेला बैठा है। सराय का मालिक ऑर्डर की हुई शराब लाता है, जिसे अध्यापक पहले पहल नहीं लेता है

मालिक : कोई नई बात ?

अध्यापक : एक और पैग।

मालिक चला जाता है

: "क्योंकि मैं यहूदी हूँ।"

और वह पूरी शराब गटक लेता है

: एक-न-एक दिन मैं सच बोलूँगा—हर कोई अपने लिए ऐसा सोचता है। लेकिन झूठ तो एक ऐसा जोंक है जिसने सच को पूरी तरह चूस लिया है। वह जोंक अब बढ़ती जा रही है। मैं इससे कभी छूट नहीं पाऊँगा। वह मुझे ऐसे देख रही है—जैसे एक बेटा—एक सच्चा यहूदी, मेरा बेटा...। "क्या नई खबर है ?" —मैंने झूठ बोला था और जब तक वह छोटा था, तुम सबने उसे सहलाया था। अब वह बड़ा हो गया है, शादी करना चाहता है, हाँ, अपनी बहन से—यही है नई खबर! मैं जानता हूँ तुम लोग क्या सोच रहे हो। यही न, कि यहूदी को बचाने वाला आदमी भी अपनी बेटी के लिए किसी यहूदी को

कभी पसंद नहीं करता। मैं पहले से ही तुम लोगों का हँसना देख रहा हूँ।

'अनजान आदमी' का प्रवेश। वह अध्यापक के पास बैठ जाता है

अ. आदमी : क्या नई-ताज़ी है ?

अध्यापक चुप रहता है। 'अनजान आदमी' अपने सामने अपना अखबार फैला लेता है

अध्यापक : आप क्यों हँस रहे हैं ?

अ. आदमी : वे लोग फिर से धमकियाँ दे रहे हैं।

अध्यापक : कौन लोग ?

अ. आदमी : उस तरफ वाले।

अध्यापक उठ जाता है। मालिक बाहर आता है

मालिक : कहाँ चले ?

अध्यापक : जहाँ शांति मिले !

अध्यापक सराय के भीतर जाता है

अ. आदमी : इसे क्या मुश्किल है ? अगर यह इसी तरह बर्ताव करता रहा तो इसका अंत अच्छा नहीं होगा—मेरे लिए एक बियर लाना।

मालिक जाता है

: जब से वह लड़का यहाँ नहीं है, कम-से-कम अखबार तो चैन से पढ़ा जा सकता है। वरना तो वह उस जूक-बॉक्स में अपनी बख्शीश के पैसे ही खनखनाता रहता था।

छठा दृश्य

बार्बलिन के कमरे के बाहर का दृश्य। आन्द्री दहलीज पर अकेला सो रहा है। मोमबत्ती की रोशनी फैली है। दीवार पर फौजी की बड़ी परछाईं उभरती है। आन्द्री खर्राटे ले रहा है। फौजी डर जाता है। वह हिचकिचाता है। घंटाघर के घंटे बजते हैं। फौजी आन्द्री को बेसुध लेटा देखता है। वह हिम्मत कर दरवाजे तक जाता है, हिचकिचाता हुआ दरवाजा खोलता है। दूसरे घंटाघर की घड़ी से दो घंटे बजने की आवाज आती है। वह सोते आन्द्री के ऊपर से फाँदकर कमरे में चला जाता है। बार्बलिन चीखना चाहती है लेकिन वह उसका मुँह बन्द कर देता है। चुप्पी छा जाती है। आन्द्री जागता है

आन्द्री : बार्बलिन ! ?....

चुप्पी छाई हुई है

: बाहर फिर से शान्ति छा गई है। उन्होंने अपना खाना-पीना, गला फाड़कर गाना बन्द कर दिया है। अब वे सभी बिस्तर में हैं।

चुप्पी

: तुम सो रही हो, बार्बलिन ? क्या वक़्त हुआ होगा ? मेरी कुछ देर के लिए आँख झपक गई थी। क्या चार

बज गए? रात बिल्कुल दूधिया है, बार्बलिन। हल्के नीले दूध की तरह। जल्दी ही चिड़ियों का चहचहाना शुरू हो जाएगा...

: तुम दरवाजे की चटखनी क्यों लगाती हो ?

चुप्पी

: अगर इस समय तुम्हारे पिताजी ऊपर आ जाएँ और मुझे अपनी बेटी की दहलीज पर पाएँ ! मेरी बला से। मैं ऐसा करना नहीं छोड़ूँगा, बार्बलिन। मैं हर रात तुम्हारी दहलीज पर बैठूँगा। फिर भले ही वह इसी वजह से पी-पीकर मर जाएँ। मैं हर रात यहाँ बैठूँगा।

वह सिगरेट निकालता है

: अब मैं अच्छी तरह जाग गया हूँ... **(वह बैठकर सिगरेट पीने लग जाता है)** अब मैं मरियल कुत्ते की तरह दबे पाँव नहीं घूमता हूँ। मैं नफरत करता हूँ। मैं अब रोता नहीं हूँ। मैं हँसता हूँ। वे मेरे प्रति जितनी नीचता से पेश आते हैं, अपनी नफरत में मैं उतना ही अच्छा महसूस करता हूँ। उतना ही आत्मविश्वास से भर जाता हूँ। नफरत योजनाएँ बनाती है। अब मैं हमेशा खुश रहता हूँ क्योंकि मेरे पास एक योजना है और किसी को भी इसके बारे में मालूम नहीं है। अब मैं अकारण डरता हुआ घूमता हूँ। नफरत चालाक बनाती है। नफरत गर्व लाती है। यह बात मैं उन्हें एक दिन दिखा दूँगा। जब से मैं उनसे नफरत करने लगा हूँ, कभी-कभी मेरा मन गाना गाने और सीटी बजाने को भी करने लगा है। लेकिन मैं ऐसा नहीं करता। नफरत धीरज लाती है—कठोर बनाती है। मैं उनके इस देश से नफरत करता हूँ जिसे हम दोनों छोड़ देंगे। मैं एक ही मनुष्य को प्यार करता हूँ और यही मेरे लिए काफी है।

वह कान लगाकर सुनता है

: बिल्ली भी अब तक जाग रही है।

वह सिक्के गिनता है

: आज मैंने डेढ़ पौंड कमाया है, बार्बलिन। एक दिन में डेढ़ पौंड। मैं बचत कर रहा हूँ। अब मैं जूक बॉक्स के पास भी नहीं फटकता।

हँसता है

: अगर कहीं वे देख पाते कि उनका कहना कितना ठीक है। मैं वाकई हर समय पैसे गिनता रहता हूँ !

वह कान लगाकर सुनता है

: कोई पैर घिसटाता अपने घर जा रहा है।

पक्षियों की चहचहाने की आवाजें

: कल मैंने पाइडर को देखा था। वही पाइडर, जिसकी आँख तुम पर है। हाँ वही, जिसने मुझे अड़ंगी मारी थी। वह जब भी मुझे देखता है तो खीसें निपोरता है। लेकिन मुझे इस सबसे अब कोई फर्क नहीं पड़ता।

वह सुनता है। घर में कदमों की आवाज

: कोई ऊपर आ रहा है। अब हमारे पास इकतालीस पौंड हैं। लेकिन किसी को यह बात बताना मत। हम शादी करेंगे। मेरा यकीन करो--एक दूसरी दुनिया है जहाँ हमें कोई नहीं जानता, जहाँ कोई मुझे अड़ंगी नहीं मारेगा। हम वहाँ जाएँगे, बार्बलिन। फिर वह यहाँ जितना चाहे चीखते रहें।

वह सिगरेट पीने लगता है

: यह भी ठीक है जो तुमने भीतर से चटखनी लगा ली है।

अध्यापक का प्रवेश

अध्यापक : बेटे !

आन्द्री : मैं तुम्हारा बेटा नहीं हूँ।

अध्यापक : सवेरा होने से पहले मैं एक बार फिर तुम्हें सच्चाई बताने

आया हूँ...।

आन्द्री : तुमने शराब पी रखी है।

अध्यापक : तुम्हारे कारण, आन्द्री, तुम्हारे कारण।

आन्द्री हँसता है

आन्द्री : छोड़ो भी यह बातें !

अध्यापक : क्या तुम मेरी बात सुन रहे हो ?

आन्द्री : किसी लैम्प पोस्ट का सहारा लो—मेरा नहीं। मुझे तुमसे बदबू आ रही है।

आन्द्री एक झटके से अलग हो जाता है

: और अपने नशे में मुझे बेटा—बेटा मत कहो।

अध्यापक लड़खड़ाता है

आन्द्री : चिन्ता मत करो। तुम्हारी बेटी ने भीतर से चटखनी लगा रखी है।

अध्यापक : आन्द्री—

आन्द्री : तुम लड़खड़ा रहे हो।

अध्यापक : मुझे चिन्ता हो रही है...

आन्द्री : उसकी कोई जरूरत नहीं है।

अध्यापक : मैं बहुत चिन्तित हूँ...

आन्द्री : माँ रो रही हैं—तुम्हारा इन्तज़ार कर रही हैं।

अध्यापक : मुझे तुमसे इसकी उम्मीद नहीं थी।

आन्द्री : किसकी ?

अध्यापक : यही कि तुम्हें मेरा बेटा होना पसन्द नहीं होगा।

आन्द्री हँस पड़ता है

: अब मुझे बैठना पड़ेगा।

आन्द्री : तो फिर मैं चला जाता हूँ।

अध्यापक : अच्छा, तो तुम मेरी बात नहीं सुनना चाहते ?

आन्द्री मोमबत्ती उठाता है

: तो नहीं सही।

आन्द्री : मैं अपनी जिन्दगी के लिए तुम्हारा आभारी हूँ। मुझे इस

बात का अच्छी तरह अहसास है। अगर तुम्हें अच्छा लगे तो मैं यह बात रोज़ाना कहने को तैयार हूँ : मैं अपनी जिन्दगी के लिए तुम्हारा अहसानमंद हूँ। दिन में दो बार भी कह सकता हूँ—एक बार सुबह, एक बार शाम को : मैं अपनी जिन्दगी के लिए तुम्हारा अहसानमंद हूँ। मैं तुम्हारा आभारी हूँ।

अध्यापक : मैं सारी रात शराब पीता रहा, आन्द्री, ताकि तुम्हें सच्चाई बता सकूँ। मैंने बहुत ज्यादा पी ली है...

आन्द्री : मुझे भी ऐसा ही लग रहा है।

अध्यापक : तो तुम अपनी जिन्दगी के लिए मेरे अहसानमंद हो—

आन्द्री : हाँ, मैं अहसानमंद हूँ।

अध्यापक : तुम मुझे समझ नहीं पा रहे हो—

आन्द्री चुप रहता है

: इस तरह वहाँ खड़े मत रहो। अगर कहीं मैं तुम्हें अपनी जिन्दगी के बारे में बताऊँ...

मुर्गे बाँग देते हैं

: ...या फिर तुम्हें मेरी जिन्दगी में कोई दिलचस्पी नहीं है?

आन्द्री : मुझे सिर्फ अपनी जिन्दगी में दिलचस्पी है।

दोबारा मुर्गों की बाँग

अध्यापक डगमगाता है

: ऐसे मत दिखाओ कि तुम इस हालत में भी सोच सकते हो।

अध्यापक : तुम मुझसे घृणा करते हो...

आन्द्री : मैं तुम्हें जान गया हूँ। मैं तुम्हारा बड़ा आदर करता था। सोचता था कि तुम दूसरों जैसे नहीं हो। इस कारण नहीं कि तुमने मेरी जान बचाई थी बल्कि इसलिए कि मैं मानता था—तुम औरों जैसे नहीं हो—तुम उनकी तरह नहीं सोचते। तुममें हिम्मत है। मैं तुम्हारा विश्वास करता था। और फिर अचानक सब कुछ सामने आ गया। अब

मैं तुम्हें जान गया हूँ।

अध्यापक : क्या सामने आ गया है ?

आन्द्री चुप रहता है

अध्यापक : मैं उनकी तरह नहीं सोचता, आन्द्री। मैंने उनको स्कूली किताबें फाड़ डाली थीं। मैं दूसरी किताबें चाहता था..

आन्द्री : यह बात सभी लोग जानते हैं।

अध्यापक : तुम जानते हो मैंने क्या किया था ?

आन्द्री : अब मैं जा रहा हूँ।

अध्यापक : तुम जानते हो, मैंने क्या किया था ?

आन्द्री : तुमने उनकी स्कूली किताबें फाड़ डाली थीं।

अध्यापक : मैंने झूठ बोला था।

चुप्पी

: तुम मुझे समझना नहीं चाहते...

मुर्गों की बाँग की आवाजें

आन्द्री : मुझे सात बजे दुकान पर पहुँचना है—कुर्सियाँ, मेजें, अलमारियाँ बेचने और हाथ मलने के लिए।

अध्यापक : तुम्हें अपने हाथ क्यों मलने पड़ते हैं ?

आन्द्री : भला कहीं इससे बेहतर कुर्सी मिलेगी ? देखिए, क्या यह कुर्सी हिलती है, चरमराती है ? इससे सस्ती कुर्सी भला कहाँ मिलेगी?

अध्यापक उसे टकटकी लगाए देखता रहता है

: मुझे अमीर बनना पड़ेगा !

अध्यापक : तुम्हें अमीर क्यों बनना पड़ेगा ?

आन्द्री : क्योंकि मैं यहूदी हूँ।

अध्यापक : बेटे !

आन्द्री : मुझे मत पकड़ो !

अध्यापक लड़खड़ाता है

: मुझे तुम पर घिन आती है।

अध्यापक : आन्द्री—

आन्द्री : अब रोओ मत !

अध्यापक : आन्द्री–

आन्द्री : जाओ–मूतकर आओ !

अध्यापक : तुम क्या कह रहे हो ?

आन्द्री : अगर शराब बर्दाश्त नहीं होती तो उसे रो-रोकर आँखों से मत बहाओ। मैं कहता हूँ जाओ !

अध्यापक : तुम मुझसे नफरत करते हो ?

आन्द्री चुप रहता है

अध्यापक चला जाता है

आन्द्री : बार्बलिन, वह चले गए हैं। मैं उनके दिल को चोट नहीं पहुँचाना चाहता था। तुमने सुना ? उन्हें अब यह भी मालूम नहीं कि वह क्या बोल रहे हैं। वह रोने भी लगते हैं... क्या तुम सो रही हो ?

वह दरवाजे पर कान लगाता है

: बार्बलिन ! बार्बलिन !

वह दरवाजे पर खींचतान करता है। दरवाजा भीतर से खुल जाता है। चौखट पर मोमबत्ती की रोशनी में फौजी नंगे पैर खड़ा है। पैंट खुली है, शरीर का ऊपरी हिस्सा नंगा है

: बार्बलिन...

फौजी : भाग जा यहाँ से।

आन्द्री : यह–यह सच नहीं हो सकता...

फौजी : भाग जा, नहीं तो तेरा कचूमर निकाल दूँगा।

मंच का अगला हिस्सा

साधारण कपड़ों में फौजी कठघरे में आता है

सैनिक : मैं यह बात मानता हूँ कि मैं उसे बिल्कुल पसन्द नहीं करता था। वह यहूदी नहीं था—यह बात मैं नहीं जानता था। हमेशा यही कहा जाता था कि वह यहूदी है। इसके अलावा मेरा विश्वास है कि वह यहूदी ही था। मुझे वह शुरू से ही बिल्कुल पसन्द नहीं था। लेकिन मैंने उसे मारा नहीं था। मैंने तो अपना कर्तव्य भर निभाया था। हुक्म तो आखिर हुक्म होता है। अगर हुक्म को नहीं माना जाएगा तो हम कहाँ जाएँगे। आखिरकार मैं फौजी था।

सातवाँ दृश्य

गिरजाघर में पादरी का कक्ष। पादरी और आन्द्री

पादरी : तुम्हें पालनेवाली तुम्हारी माँ चाहती हैं कि हम दोनों एक खास विषय पर बात करें। वह तुम्हारे लिए बहुत चिन्तित हैं...। बैठ जाओ !

आन्द्री चुप रहता है

पादरी : बैठ जाओ, आन्द्री !

आन्द्री चुप खड़ा रहता है

: क्या तुम बैठना नहीं चाहते ?

आन्द्री चुप खड़ा है

पादरी : मैं समझ सकता हूँ। तुम पहली बार यहाँ आए हो। एक बार पहले जब तुम्हारी फुटबाल अन्दर आ गई थी तब लड़कों ने तुम्हें उसे पूजा-स्थल के पीछे से लेकर आने के लिए भेजा था।

पादरी हँसता है

आन्द्री : हमें किस बारे में बात करनी है, श्रद्धेय ?

पादरी : तुम बैठ जाओ !

आन्द्री चुपचाप खड़ा रहता है

: अच्छा तो तुम बैठना नहीं चाहते।

आन्द्री उसी तरह चुप खड़ा रहता है

: तो ठीक है।

आन्द्री : श्रद्धेय, क्या यह बात ठीक है कि मैं दूसरों से अलग हूँ।

चुप्पी छा जाती है

पादरी : आन्द्री, मैं कुछ कहना चाहता हूँ।

आन्द्री : मैं जानता हूँ कि मैं बदतमीज़ हूँ।

पादरी : मैं तुम्हारी मुश्किल समझता हूँ। लेकिन तुम्हें यह मालूम होना चाहिए कि हम तुम्हें इसी रूप में प्यार करते हैं। क्या तुम्हें पालने-पोसनेवाले तुम्हारे पिता ने तुम्हारे लिए सब कुछ नहीं किया है? मैंने सुना है कि उन्होंने तुम्हें बढ़ईगीरी का प्रशिक्षण दिलाने के लिए अपनी जमीन बेच दी।

आन्द्री : लेकिन अब मैं बढ़ई नहीं बन सकूँगा।

पादरी : क्यों नहीं ?

आन्द्री : क्योंकि मेरे जैसा आदमी हर समय पैसे के बारे में सोचता है, इसलिए मुझे कार्यशाला में नहीं बल्कि बिक्री-विभाग में होना चाहिए—ऐसा बढ़ई उस्ताद का मानना है। अब मैं सामान बेचनेवाला बनूँगा, श्रद्धेय !

पादरी : तो ठीक है।

आन्द्री : लेकिन बनना तो मैं बढ़ई चाहता था।

पादरी : तुम बैठ क्यों नहीं जाते ?

आन्द्री : मुझे लग रहा है कि श्रद्धेय को कुछ गलतफ़हमी हो गई है। दरअसल मुझे कोई पसन्द नहीं करता। रेस्तरां का मालिक कहता है कि मैं बदतमीज़ हूँ। मुझे लगता है कि जैसे बढ़ई उस्ताद का भी यही मानना है। डॉक्टर कहता है कि मैं बड़ा महत्त्वाकांक्षी हूँ और मेरे जैसे आदमी में जरा भी हिम्मत नहीं होती।

पादरी : बैठ जाओ !

आन्द्री : क्या यह सच है, श्रद्धेय, कि मुझमें हिम्मत नहीं है।

पादरी : हो सकता है कि तुम थोड़ा बेचैन हो।

आन्द्री : और पाइडर कहता है कि मैं कायर हूँ।

पादरी : भला कायर कैसे ?

आन्द्री : क्योंकि मैं यहूदी हूँ।

पादरी : तुम पाइडर की परवाह ही क्यों करते हो ?

आन्द्री चुप रहता है

पादरी : आन्द्री मैं तुमसे कुछ कहना चाहता हूँ।

आन्द्री : मैं जानता हूँ कि आदमी को हमेशा अपने बारे में नहीं सोचते रहना चाहिए। लेकिन मैं क्या करूँ, श्रद्धेय ? यही तो बात है। मुझे हमेशा यह सोचना ही पड़ता है कि क्या जो कुछ लोग मेरे बारे में कहते हैं, वह सब सच है। वे कहते हैं कि मैं उनके जैसा नहीं हूँ। मैं मिलनसार, खुशमिजाज़ नहीं हूँ और श्रद्धेय, आपको भी लगता है कि मैं कुछ बेचैन हूँ। मैं समझता हूँ कि मुझे कोई पसन्द नहीं करता। जब कभी मैं खुद अपने बारे में सोचता हूँ तो मैं भी खुद को पसन्द नहीं कर पाता हूँ।

पादरी उठ जाता है

: क्या मैं अब जा सकता हूँ ?

पादरी : अब एक बार मेरी बात भी सुन लो।

आन्द्री : लोग मुझसे क्या चाहते हैं, श्रद्धेय ?

पादरी : तुम इतना शक़ क्यों करते हो ?

आन्द्री : क्योंकि सभी मेरा कंधा थपथपाते हैं।

पादरी : क्या तुम्हें मालूम है, आन्द्री, कि तुम क्या चाहते हो ?

पादरी हँसता है

: तुम्हें नहीं मालूम। इसीलिए मैं तुम्हें बताता हूँ।

आन्द्री उसे टकटकी लगाकर देखता है

: तुम एक शानदार इंसान हो। अपनी तरह के अनोखे, बहुत प्यारे इन्सान। मैं तुम्हें कितने ही सालों से गौर से देख रहा हूँ।

आन्द्री : गौर से देख रहा हूँ।

पादरी : बिल्कुल।

आन्द्री : आप सब लोग मुझे गौर से क्यों देखते हैं ?

पादरी : तुम मुझे पसन्द हो, आन्द्री, हाँ, दूसरे सब लोगों से ज्यादा। क्योंकि तुम दूसरों से भिन्न हो। तुम अपना सिर क्यों हिला रहे हो ? तुम सबसे अधिक समझदार हो। हाँ। मुझे तुममें यह बात बहुत अच्छी लगती है और यही बात मैं तुम्हें बताना चाहता हूँ।

आन्द्री : यह सच नहीं है।

पादरी : क्या सच नहीं है ?

आन्द्री : मैं दूसरों से भिन्न नहीं हूँ। मैं भिन्न होना भी नहीं चाहता। मैंने कसम खायी है कि चाहे वह पाइडर मुझसे तीन गुना ज्यादा ताकतवर क्यों न हो, मैं सभी लोगों के सामने उसे फाड़कर रख दूँगा।

पादरी : मेरी बला से।

आन्द्री : मैंने यह कसम खायी है।

पादरी : मुझे भी वह आदमी पसन्द नहीं है।

आन्द्री : मैं खुद को लोकप्रिय नहीं बनाना चाहता। मैं मुकाबला करूँगा। मैं कायर नहीं हूँ—दूसरों से होशियार भी नहीं हूँ, श्रद्धेय। मैं नहीं चाहता कि आप भी ऐसा कहें।

पादरी : क्या अब तुम मेरी बात सुनोगे ?

आन्द्री : नहीं।

आन्द्री पीछे की तरफ हटता है

: मुझे हमेशा तुम लोगों का मेरे कंधे थपथपाना अच्छा नहीं लगता...।

चुप्पी

पादरी : दरअसल तुम अपनी ऐसी बातों से हालात कुछ आसान नहीं बना रहे हो।

चुप्पी

: खैर, संक्षेप में कहूँ तो तुम्हें पालनेवाली तुम्हारी माँ यहाँ मेरे पास आयी थीं। वह लगभग चार घंटे यहाँ रुकी थीं।

वह बेचारी औरत बहुत दुखी है। वह कहती हैं कि तुम खाना खाने के लिए घर नहीं आते हो और जिद्दी बन गए हो। वह कहती है कि तुम्हें इस बात का यकीन ही नहीं है कि घर के सभी लोग तुम्हारा भला चाहते हैं।

आन्द्री : सभी लोग मेरा भला चाहते हैं !

पादरी : तुम हँस क्यों रहे हो ?

आन्द्री : अगर वे लोग मेरा भला ही चाहते हैं तो फिर, श्रद्धेय, ऐसा क्यों है कि वे मुझे सब कुछ देना चाहते हैं—लेकिन अपनी बेटी नहीं ?

पादरी : यह एक पिता का हक होता है।

आन्द्री : लेकिन क्यों ? क्योंकि मैं यहूदी हूँ।

पादरी : चिल्लाओ मत !

आन्द्री चुप हो जाता है

पादरी : क्या तुम अपने दिमाग में कुछ और नहीं सोच सकते? मैं तुम्हें प्यार करता हूँ। लेकिन अफसोस के साथ मुझे कहना पड़ता है—तुम लोगों में एक बुरी आदत होती है : जिन्दगी की हर बात तुम्हारे लिए इसी बात से जुड़ी होती है कि तुम यहूदी हो। अपनी इस अति संवेदनशीलता से तुम लोग किसी के भी लिए हालात आसान तो नहीं बनाते हो।

आन्द्री चुपचाप पीठ मोड़ लेता है

: तुम रो रहे हो न ?

आन्द्री फफककर रोते हुए निरस्त हो जाता है

: क्या हुआ ? जवाब दो ! तुम्हें क्या हुआ आन्द्री ? अरे, मैं तुमसे पूछ रहा हूँ। कुछ तो कहो ! आन्द्री ? तुम तो काँप रहे हो ! क्या बार्बलिन को कुछ हुआ ? तुमने तो अपनी समझ खो दी है। अगर तुम कुछ बोलोगे नहीं, तो मैं तुम्हारी मदद कैसे करूँगा ? खुद को सँभालो, आन्द्री! सुन रहे हो ? आन्द्री, तुम मर्द हो। मुझे तो अब

कुछ भी नहीं सूझ रहा।

आन्द्री : मेरी बार्बलिन।

आन्द्री के चेहरे से हाथ नीचे हटते हैं। उसकी निगाहें एकटक शून्य में लगी हैं

: वह मुझे प्यार नहीं कर सकती। कोई भी नहीं कर सकता। मैं भी खुद को प्यार नहीं करता...।

चर्च का एक सेवक मास में पहनने की पादरी की पोशाक लिये भीतर आता है

: क्या अब मैं जा सकता हूँ।

चर्च का सेवक पादरी का पहना चोगा उतार रहा है

पादरी : तुम अभी रुक सकते हो।

चर्च का सेवक पादरी को मास का चोगा पहना देता है

: अब तुम खुद ही ऐसी बात कर रहे हो। भला हमें दूसरे लोग कैसे प्यार कर सकते हैं जब कि हम खुद को ही प्यार न करें ? हमारा ईश्वर कहता है : अपने पड़ोसी को ठीक अपनी ही तरह प्यार करो ! वह कहता है : ठीक अपनी ही तरह। हमें खुद को स्वीकार करना चाहिए आन्द्री, और ठीक यही तुम नहीं करते हो। तुम दूसरों जैसा क्यों बनना चाहते हो ? तुम उनसे ज्यादा बुद्धिमान हो, मेरा यकीन करो, तुम ज्यादा सुधी हो। तुम यह बात क्यों नहीं मानते ? तुममें असाधारण समझ है। तुम इन मूर्खों की तरह फुटबॉल क्यों खेलते और मैदान में चिल्लाते, दौड़ते फिरते हो ? सिर्फ इसलिए कि तुम अंडोरा के नागरिक हो ? मैं जानता हूँ कि लोग तुम्हें पसंद नहीं करते हैं। मैं जानता हूँ कि ऐसा क्यों है। भला ऐसे लोग क्यों नहीं होने चाहिए जिनमें भावनाओं से ज्यादा व्यावहारिक समझ होती है ? इसीलिए मैं तुम लोगों की

तारीफ करता हूँ। तुम मुझे ऐसे क्यों देख रहे हो ? तुम लोगों में असाधारण समझ होती है। अब आइंस्टाइन को ही ले लो। और भी, क्या नाम है : स्पिनोजा ?

आन्द्री : क्या अब मैं जा सकता हूँ ?

पादरी : आन्द्री, कोई भी मनुष्य अपना स्वभाव नहीं बदल सकता। न यहूदी, न ही कोई ईसाई। कोई भी नहीं। ईश्वर यही चाहता है कि हम वैसे ही रहें जैसी उसने हमारी रचना की है। क्या तुम मेरी बात समझ रहे हो? और अगर वे कहते हैं कि यहूदी कायर होता है, तो एक बात जान लो, आन्द्री, तुम कायर नहीं हो; अगरचे तुम अपना यहूदी होना मान लो। हाँ अगर तुम दूसरे अंडोरावासियों जैसे बनने की कोशिश करते हो—तब जरूर कायर हो।

एक ऑर्गन बजने लगता है

आन्द्री : क्या अब मैं जा सकता हूँ ?

पादरी : तुम इस बारे में सोचना, आन्द्री। जैसा कि तुमने खुद ही कहा—भला तुम्हें दूसरे लोग कैसे स्वीकार कर सकते हैं, जबकि तुम खुद को ही स्वीकार नहीं करते ?

आन्द्री : क्या अब मैं जा सकता हूँ ?

पादरी : क्या तुम मेरी बात समझ गए हो ?

मंच का अगला हिस्सा—कठघरा—

पादरी घुटने टेकता है

पादरी : ईश्वर और उसकी रचना की कोई तस्वीर नहीं बनानी चाहिए। मैं भी गुनहगार था। उससे बात करते समय मैं प्यार से पेश आना चाहता था। दरअसल मैंने भी उसकी तस्वीर बनाई थी। मैंने भी उसे बाँधा था। उसे खम्भे तक ले जानेवालों के बीच कहीं मैं भी था।

आठवाँ दृश्य

अंडोरा की चौपाल। सिर्फ डॉक्टर बैठा है। बाकी सभी खड़े हैं। सराय का मालिक, बढ़ई उस्ताद, फौजी, कारीगर। 'अनजान आदमी' अखबार पढ़ रहा है

डॉक्टर : शान्त रहो !

फौजी : अंडोरा पर हमला क्यों नहीं हो सकता है ?

डॉक्टर एक छोटा सिगार जलाता है

फौजी : मैं कहता हूँ : आक् थू।

स. मालिक : तो क्या मुझे यह कहना चाहिए कि अंडोरा में रहने के लिए अच्छा कमरा है ही नहीं ? आखिर मैं इस सराय का मालिक हूँ। किसी परदेसिन को अपने दरवाजे से यूँ वापस तो नहीं लौटा सकता।

अनजान आदमी अखबार पढ़ते हुए हँसता है

स. मालिक : और मेरे लिए रास्ता ही कौन-सा बचता है ? वहाँ दरवाजे पर एक सेन्योरा खड़ी है और रहने के लिए एक अच्छे कमरे की बाबत पूछ रही है—

फौजी : एक सेन्योरा—तुम लोग सुन तो रहे हो न ?

बढ़ई : वहाँ, उस तरफ की एक सेन्योरा।

फौजी : जब कोई बात सिर पर आ ही जाती है तो हम जैसे लोग आखिरी दम तक लड़ते हैं और यहाँ यह उसकी

आवभगत कर रहा है !

वह उस जगह पर थूकता है

: मैं कहता हूँ : आक् थू।

डॉक्टर : बस, बस। उत्तेजित मत होना।

वह सिगार पीता है

: मैं दुनिया भर में घूमा हूँ। आप लोग मेरा यकीन कर सकते हैं। यह बात तो सभी जानते हैं कि मैं तन-मन से अंडोरा का बाशिन्दा हूँ। नहीं तो अपनी इस मातृभूमि में लौटकर यूँ ही थोड़े आता। मेरे भाइयो, तुम्हारा यह प्रोफेसर इतने सारे पद बेबात में तो नहीं छोड़ देता।

अनजान आदमी अखबार पढ़ते हुए हँसता है

स. मालिक : इसमें हँसने की क्या बात है ?

अ. आदमी : आखिरी दम तक कौन लड़ता है ?

फौजी : मैं।

अ. आदमी : बाइबिल में क्या लिखा है—सबसे बादवाले सबसे पहले होंगे—या फिर शायद इसका उल्टा। मुझे ठीक से याद नहीं। शायद पहलेवाले आखिर में होंगे।

फौजी : यह भला इस बात से क्या कहना चाह रहा है ?

अ. आदमी : मैं तो सिर्फ पूछ रहा हूँ।

फौजी : आखिरी दम तक—यही हुक्म है। गुलामी से मौत भली—यह बात हर छावनी में लिखी है। अगर वे लोग आ भी जाएँ तो उन्हें अपनी जिन्दगी का सबसे बड़ा आश्चर्य होगा...।

कुछ देर के लिए चुप्पी

बढ़ई : अंडोरा पर हमला क्यों नहीं हो सकता ?

डॉक्टर : मैं जानता हूँ कि हालात तनावपूर्ण हैं।

बढ़ई : ऐसे तनावपूर्ण हालात पहले कभी नहीं थे।

डॉक्टर : वे लोग तो सालों से ऐसे ही हैं।

बढ़ई : सीमा पर उनकी फौज क्यों मौजूद है ?

डॉक्टर : मैं यही बात कहना चाहता था। मैं दुनिया में दूर-दूर तक घूमा हूँ। आप लोग मेरा विश्वास कर सकते हैं कि सारी दुनिया में कोई भी जनता ऐसी नहीं है जिसे इतना प्यार किया जाता हो जितना हमें। यह हकीकत है।

बढ़ई : तो फिर ?

डॉक्टर : अगर हम इस बात को ध्यान में रखकर खुद से यह पूछें कि आखिर अंडोरा जैसे देश को क्या हो सकता है ? एक बार बिल्कुल निष्पक्ष होकर सोचो।

स. मालिक : यह ठीक है। बिल्कुल ठीक है।

फौजी : क्या ठीक है ?

स. मालिक : यही कि दुनिया की कोई भी जनता हमारे जितनी प्रिय नहीं है।

बढ़ई : फिर ?

डॉक्टर : प्रिय होना कोई अभिव्यक्ति नहीं है। मुझे ऐसे लोग भी मिलते हैं जिन्हें नहीं मालूम होता कि अंडोरा है कहाँ। लेकिन दुनिया का बच्चा-बच्चा यह बात जानता है कि अंडोरा एक आश्रय का नाम है—शान्ति, स्वतन्त्रता और मानवाधिकारों का आश्रय।

स. मालिक : बिल्कुल ठीक।

डॉक्टर : अंडोरा एक कल्पना है, एक साकार कल्पना, अगर आप समझ सकें कि इसका क्या मतलब है।

वह सिगार पीता है

: मैं कहता हूँ—उनकी हिम्मत नहीं पड़ेगी।

फौजी : क्यों नहीं, भला क्यों नहीं?

स. मालिक : क्योंकि हम एक साकार कल्पना हैं।

फौजी : लेकिन उनके पास ज्यादा ताकत है।

स. मालिक : लेकिन हम बहुत प्रिय हैं।

मूर्ख सेन्योरा का एक सूटकेस लाकर रख देता है

फौजी : लीजिए, अब जरा इसे देखिए !

मूर्ख वापस चला जाता है

बढ़ई : आखिर इस औरत का यहाँ क्या काम है ?

कारीगर : जासूसिन !

फौजी : और नहीं तो क्या ?

कारीगर : एक जासूसिन।

फौजी : और यह उसकी यहाँ आवभगत कर रहा है।

अनजान आदमी हँसता है

: इस तरह बार-बार बेवकूफों की तरह मत हँसो।

अ. आदमी : जासूसिन। अच्छा है!

फौजी : भला वह और क्या हो सकती है ?

अ. आदमी : अगर हालात तनावपूर्ण भी हों, तो भी सही शब्द जासूस ही रहता है, जासूसिन नहीं बन जाता। और हाँ, जासूस शब्द को स्त्रीलिंग के लिए भी इस्तेमाल किया जा सकता है।

बढ़ई : मुझे नहीं मालूम कि दरअसल वह यहाँ क्यों आई है।

मूर्ख सेन्योरा का दूसरा सूटकेस लाता है

फौजी : लो, और देखो।

कारीगर : रौंद डालो इस सामान को।

स. मालिक : बस एक इसी बात की और कमी थी।

मूर्ख फिर से वापस चला जाता है

: यह बेवकूफ ऊपर ले जाने के बजाय सामान को यहाँ लाकर बार-बार वापस भाग रहा है और मुझे इन सब लोगों की उत्तेजना झेलनी पड़ रही है।

अनजान आदमी हँसता है

: मैं कोई देशद्रोही थोड़े ही हूँ। क्यों प्रोफेसर ? मैं तो इस सराय का मालिक हूँ। पत्थर फेंकनेवालों में मैं पहला आदमी होऊँगा। लेकिन अभी भी अंडोरा में आतिथ्य पाने का नियम है—एक प्राचीन और पवित्र नियम। सराय का मालिक इनकार नहीं कर सकता, चाहे हालात

कितने ही तनावपूर्ण क्यों न हों। खासतौर पर एक महिला को तो कतई इनकार नहीं किया जा सकता।

अनजान आदमी हँसता है

कारीगर : और अगर कहीं उसके पास शक्तिशाली बम हो ?

स. मालिक : ये हालात हँसने के नहीं हैं।

अ. आदमी : जासूसिन।

स. मालिक : उसके सामान को हाथ मत लगाना।

अ. आदमी : जासूसिन शब्द बहुत अच्छा है।

मूर्ख एक महिलाओंवाला कोट लाकर रख देता है

फौजी : लो देखो।

बढ़ई : तुम्हें क्यों ऐसा लगता है कि अंडोरा पर आक्रमण नहीं हो सकता ?

डॉक्टर : तुम लोग मेरी बात नहीं सुन रहे थे।

सिगार पीने लगता है

: मुझे लग रहा था कि तुम लोग मेरी बात सुन रहे हो।

फिर से सिगार पीने लगता है

: वे ऐसा करने की हिम्मत नहीं कर पाएँगे। चाहे उनके पास कितने ही टैंक या पैराशूट क्यों न हों। वे ऐसा नहीं कर सकेंगे। जैसाकि एक बार हमारे महान् कवि पेरिन ने कहा था—हमारा हथियार ही हमारी मासूमियत है। या फिर इसका उल्टा : हमारी मासूमियत ही हमारा हथियार है। सारी दुनिया में ऐसा गणराज्य कहाँ है जो ऐसा कह सके ? मैं पूछता हूँ : कहाँ? कहाँ है ऐसी जनता जो विश्व चेतना से हमारी तरह मुखातिब हो सके। कहाँ है ऐसी निर्दोष जनता।

पृष्ठभूमि में आन्द्री दिखाई देता है

फौजी : यह फिर से इधर-उधर रेंगने लगा।

आन्द्री सभी का ध्यान अपनी तरफ देखकर वापस चला जाता है

डॉक्टर : अंडोरा के नागरिको ! मैं तुमसे कुछ कहना चाहता हूँ। दुनिया में कभी किसी जनता पर तब तक हमला नहीं किया गया है जब तक कि उस जनता पर किसी गलत बात का आरोप न लगा हो। वे भला हम पर क्या आरोप लगाएँगे। अंडोरा के साथ एक ही बात हो सकती है, वह है अन्याय–घोर अन्याय। वे ऐसा करने का साहस नहीं करेंगे। क्योंकि अचानक सारी दुनिया हमारा बचाव कर रही होगी। विश्व चेतना हमारे साथ है।

अ. आदमी : **पहले की भाँति अखबार पढ़ते हुए** : अचानक !

स. मालिक : कुछ देर के लिए आप अपना मुँह बंद ही रखिए।

डॉक्टर : आखिर आप हैं कौन ?

आदमी : एक हँसमुख इंसान।

डॉक्टर : आपका हास्य यहाँ जम नहीं रहा है।

कारीगर सूटकेसों को ठोकर मारता है

स. मालिक : ठहरो।

डॉक्टर : यह क्या है ?

स. मालिक : भगवान के लिए रुक जाओ।

अनजान आदमी हँसता है

डॉक्टर : मूर्खता मत करो। उन्हें सिर्फ इसी का तो इंतजार है। यात्रियों को अंडोरा में सताया जाना। ताकि उन्हें हमारे खिलाफ एक बहाना मिल जाए। ऐसी मूर्खता नहीं होनी चाहिए। मैं कहता हूँ : शांति रखो। हम उन्हें कोई बहाना नहीं देंगे। जासूस आए या जाए।

सराय का मालिक सूटकेसों को रख देता है

फौजी : मैं कहता हूँ–आक् थू।

मालिक सूटकेसों को अच्छी तरह कपड़े से साफ करता है

डॉक्टर : भगवान का शुक्र है कि यह सब किसी ने देखा नहीं।

सेन्योरा भीतर आती है। चुप्पी छा जाती है। वह

एक छोटी-सी मेज के पास बैठ जाती है। अंडोरा के नागरिक उसे देखने लगते हैं। सेन्योरा धीरे-धीरे अपने दस्ताने उतारती है

: मैं चलता हूँ।

बढ़ई : मैं भी।

डॉक्टर उठता है। हैट को थोड़ा-सा उठाकर सेन्योरा को अभिवादन करते हुए वह बाहर चला जाता है। बढ़ई कारीगर को अपने पीछे आने का इशारा करते हुए चल देता है

सेन्योरा : क्या यहाँ कुछ हो गया है ?

अनजान आदमी हँसता है

: यहाँ कुछ पीने के लिए मिल सकता है ?

स. मालिक : जरूर, सेन्योरा—

सेन्योरा : आमतौर पर यहाँ क्या पिया जाता है ?

स. मालिक : जो आप चाहें, सब कुछ मिलेगा, सेन्योरा।

सेन्योरा : मेरे लिए एक गिलास पानी अच्छा रहेगा।

स. मालिक : हमारे पास सब कुछ है, सेन्योरा।

अनजान आदमी हँसता है

: यह सज्जन बहुत हँसमुख हैं।

अनजान आदमी चला जाता है

सेन्योरा : मुझे आपने कमरा अच्छा दिया है—बहुत अच्छा।

मालिक अदब से सिर झुकाता है, चला जाता है

फौजी : मेरे लिए जौ की शराब लाना।

फौजी वहीं सेन्योरा को घूरने के लिए बैठा है। मंच के अगले हिस्से में दाईं तरफ जूक बॉक्स के पास आन्द्री दिखाई पड़ता है। वह जूक बॉक्स में एक सिक्का डालता है

स. मालिक : यह हमेशा उसी बेसुरे डिब्बे पर लगा रहता है।

आन्द्री : मैं उसके लिए पैसा खर्च करता हूँ।

स. मालिक : तेरे दिमाग में और कुछ नहीं आता क्या ?

आन्द्री : नहीं।

रिकार्ड बज रहा है। सेन्योरा एक कागज के टुकड़े पर कुछ लिखती है। फौजी उसे घूर रहा है। वह कागज के टुकड़े को मोड़ती है और फौजी की ओर देखे बगैर उससे कहती है

सेन्योरा : अंडोरा में क्या औरतें नहीं हैं ?

मूर्ख वापस आ जाता है

: क्या तुम कैन नाम के अध्यापक को जानते हो ?

मूर्ख खीसें निपोरता हामी में सिर हिलाता है

: इस कागज को लेकर उसके पास जाओ।

तीन फौजियों के साथ कारीगर आता है

फौजी : सुना तुम लोगों ने ? वह पूछ रही है कि क्या अंडोरा में औरतें नहीं हैं।

कारीगर : तो तुमने क्या कहा ?

फौजी : मैंने कहा–नहीं, मर्द जरूर हैं।

कारीगर : तुमने ऐसा कहा ?

फौजी : मैंने कहा था, कहीं वह अंडोरा में इसलिए तो नहीं आई कि वहाँ सीमापार मर्द नहीं मिलते हों ?

कारीगर : तुमने यह कहा ?

फौजी : हाँ, यही कहा मैंने।

वे हँसने लगते हैं

: वह देखो, वह आ गया है–खड़िया की तरह सफेद। जानते हो, वह मुझे पीटना चाहता है।

आन्द्री भीतर आता है। संगीत धीरे-धीरे बंद हो गया है

फौजी : तेरी मंगेतर का अब क्या हाल है ?

आन्द्री फौजी को कॉलर से पकड़ लेता है

: अरे, यह क्या है ?

: इसे एक बूढ़े रब्बी[1] ने डेविड और गोलिएथ[2] की कथा सुनाई है और अब यह हमारे साथ डेविड की भूमिका अदा करना चाहता है।

वे हँसते हैं

: हम चलें।

आन्द्री : फेड्री—

कारीगर : कैसे हकलाता है यह!

आन्द्री : तुमने मेरे साथ विश्वासघात क्यों किया ?

फौजी : हम चलते हैं।

आन्द्री फौजी के सिर से उसकी टोपी गिरा देता है

फौजी : खबरदार।

फौजी जमीन से टोपी उठाकर उसकी धूल झाड़ता है

: अगर तू यह समझ रहा है कि मैं तेरे कारण गिरफ्तार होना चाहूँगा तो...।

कारीगर : आखिर यह चाहता क्या है ?

आन्द्री : अब मार मुझे।

फौजी : चलो, हम लोग चलते हैं।

सैनिक फिर से टोपी पहन लेता है। आन्द्री उसे दोबारा नीचे गिरा देता है। सभी हँसने लग जाते हैं। अचानक फौजी कोहनी मोड़कर किसी बॉक्सर की तरह उसे घूँसा लगाता है। आन्द्री गिर जाता है

: अरे तेरी गुलेल कहाँ गई, डेविड ?

आन्द्री उठता है

: ये देखो, हमारा डेविड चला जा रहा है।

---

1. यहूदियों का पुरोहित।

2. गोलिएथ एक भीमकाय योद्धा था जिसे डेविड ने अपनी गुलेल से मार डाला था।

आन्द्री फौजी को अचानक एक घूँसा मारता है। फौजी गिर पड़ता है

: नीच, यहूदी।

सेन्योरा : नहीं। एक तरफ वह अकेला, दूसरी तरफ इतने सारे लोग। नहीं।

दूसरे फौजियों ने आन्द्री को पकड़ लिया है। फौजी आन्द्री को पीट रहा है। आन्द्री चुपचाप मुकाबला करता है। अचानक वह अलग हो जाता है। कारीगर उसे पीछे से लात मारता है। जैसे ही आन्द्री मुड़ता है फौजी उसे पीछे से पकड़ लेता है। आन्द्री गिर पड़ता है। चारों फौजी और कारीगर सेन्योरा की मौजूदगी का एहसास होने तक उसे मारते रहते हैं। सेन्योरा इस बीच उनके नजदीक आ गई है

फौजी : बस इसी बात की कमी थी—किसी अनजान के सामने अपना मज़ाक बनाने की।

फौजी और कारीगर के साथ-साथ सभी चले जाते हैं। सिर्फ सराय का मालिक, सेन्योरा और आन्द्री बचे हैं

सेन्योरा : तुम कौन हो ?

आन्द्री : मैं कायर नहीं हूँ।

सेन्योरा : तुम्हारा नाम क्या है?

आन्द्री : वे हमेशा यही कहते हैं—मैं कायर हूँ।

सेन्योरा : नहीं, घाव पर हाथ मत लगाओ।

एक ट्रे में कराबा और गिलास लेकर मालिक आता है

स. मालिक : क्या हुआ ?

सेन्योरा : डॉक्टर को बुलाइए।

स. मालिक : मेरे होटल के सामने—!

सेन्योरा : यह मुझे दीजिए।

सेन्योरा कराबा और अपना रूमाल लेती है। वह

उठने की कोशिश कर रहे आन्द्री के पास घुटनों के बल बैठ जाती है

: उन्होंने इसे बूटों से मारा है।

स. मालिक : असंभव, सेन्योरा !

सेन्योरा : अब आप इस तरह यहाँ खड़े मत रहिए। जरा किसी डॉक्टर को बुलाइए।

स. मालिक : सेन्योरा, यहाँ पर ऐसा आमतौर पर नहीं होता है।

सेन्योरा : मैं सिर्फ तुम्हारा घाव साफ कर रही हूँ।

स. मालिक : तेरा ही कुसूर है। जब भी यहाँ फौजी होते हैं, तू यहाँ आता ही क्यों है...?

सेन्योरा : मेरी तरफ देखो !

स. मालिक : मैंने तुझे पहले ही चेतावनी दे दी थी।

सेन्योरा : शुक्र है कि आँख पर चोट नहीं है।

स. मालिक : सब इसी का कुसूर है। यह हमेशा उस बेसुरे जूक बॉक्स पर जाता है। मैंने इसे पहले ही बताया था। इससे दूसरे लोग सिर्फ उत्तेजित ही होते हैं।

सेन्योरा : क्या आप डॉक्टर को नहीं बुलाना चाहते हैं ?

मालिक जाता है

आन्द्री : यहाँ अब सभी लोग मेरे खिलाफ हैं।

सेन्योरा : बहुत दर्द हो रहा है ?

आन्द्री : मुझे किसी डॉक्टर की जरूरत नहीं है।

सेन्योरा : अरे, यह घाव तो हड्डी तक है।

आन्द्री : मैं उस डॉक्टर को जानता हूँ।

आन्द्री उठता है

: मैं चल सकता हूँ। चोट तो सिर्फ माथे पर है।

सेन्योरा उठती है

: मेरे कारण आपके कपड़े खून से भीग गए, सेन्योरा।

सेन्योरा : मुझे अपने पिता के पास ले चलो।

सेन्योरा आन्द्री का हाथ पकड़ लेती है। वे दोनों धीरे-धीरे जाते हैं। सराय का मालिक और डॉक्टर

मंच पर आते हैं

डॉक्टर : देखो तो। हाथों में हाथ डाले।

स. मालिक : उन्होंने इसे बूटों से मारा है। मैंने अपनी आँखों से देखा है। मैं यहीं भीतर था।

डॉक्टर सिगार जलाता है

स. मालिक : यह हमेशा सीधे उस बेसुरे जूक बॉक्स के पास जाता है। मैंने इसे पहले ही कहा था कि यह बात लोगों को चिढ़ाती है।

डॉक्टर : खून निकला ?

स. मालिक : हाँ, मैंने खून निकलते देखा था।

डॉक्टर सिगार के कश लगाता है

: आप कुछ बोल नहीं रहे हैं।

डॉक्टर : यह बड़ा शर्मनाक मामला है।

मालिक : सब इसी का किया-धरा है।

डॉक्टर : मैं इनकी कौम के खिलाफ नहीं हूँ। लेकिन जब भी मैं इनमें से किसी को देखता हूँ—मेरा जी खराब हो जाता है। चाहे आप कैसा भी बर्ताव कीजिए, इन्हें सब गलत ही लगता है। क्या कहा था मैंने। ये कभी नहीं मानते। ये तो हर वक्त यही चाहते हैं कि हम उनके प्रति अपने रवैये का खुलासा करें। जैसे हमारे पास और कुछ करने को है ही नहीं। भला किसी को भी अपनी आत्मा पर बोझ रखना अच्छा थोड़े ही लगता है। लेकिन ये यहूदी तो इसी पर अपनी आशाएँ टिकाए रहते हैं। वे यही चाहते हैं कि हम उन पर कोई अन्याय कर दें। बस वे इसी का इंतजार कर रहे हैं...

वह जाने लगता है

: वहाँ भी जरा-सा खून लगा है उसे साफ कर दो और ज्यादा बातें मत बनाना। जो कुछ तुमने देखा है उसको लेकर दुनिया भर में ढोल पीटने की कोई जरूरत नहीं है।

मंच का अगला हिस्सा

अध्यापक और सेन्योरा पहले दृश्य में वर्णित सफेद घर के सामने बैठे हैं

सेन्योरा : और तुमने कह दिया कि हमारा बेटा यहूदी है।

अध्यापक चुप रहता है।

: तुमने दुनिया भर में ऐसा झूठ क्यों फैलाया ?

अध्यापक चुप रहता है

: एक दिन अंडोरा का एक फेरीवाला हमारे यहाँ आया था। अंडोरा की तारीफ में उसने वहाँ के एक अध्यापक की मन को छू लेनेवाली कहानी सुनाई कि किस तरह भयंकर मार-काट के वक्त में इस अध्यापक ने एक यहूदी बच्चे की जान बचाई थी। उसने यह भी कहा कि आजकल भी वह उसी के बेटे जैसा है। मैंने तुरंत तुम्हें एक खत भेजा : क्या तुम ही वह अध्यापक हो? मैंने इस बात का जवाब माँगा था : भला तुम उसे यहूदी क्यों कह रहे हो ? मैं जवाब का इंतजार करती रही। मैंने पूछा था : क्या तुम जानते हो कि तुमने क्या कर डाला है? जवाब नहीं आया। शायद तुम्हें मेरा खत मिला ही

नहीं। जिस बात का मुझे डर था, मैं उस पर यकीन नहीं कर पा रही थी। मैंने दूसरा खत भेजा, तीसरा भेजा। मैं जवाब का इंतजार करती रही। इसी तरह समय गुजरता गया...तुमने इस झूठ को दुनिया में क्यों फैलाया?

अध्यापक : क्यों, क्यों, क्यों !

सेन्योरा : जब बच्चे का जन्म हुआ तब तुम मुझसे नफरत करते थे—क्योंकि मैं कायर थी, क्योंकि मैं लोगों से डरती थी। जब तुम सीमा पार आये तो तुमने कह दिया कि यह यहूदी बच्चा है जिसे तुमने हम लोगों से बचाया है। क्यों? क्योंकि जब तुम लौटे तब तुम भी कायर थे। क्योंकि तुम भी लोगों से डरते थे।

चुप्पी

: क्या यही बात नहीं थी।

चुप्पी

: शायद तुम यह दिखाना चाहते थे कि तुम अंडोरा के रहने वाले हम लोगों से कितने अलग हो। क्योंकि तुम मुझसे नफरत करते थे। लेकिन यहाँ के लोग भी कुछ अलग नहीं हैं। तुम देख ही रहे हो वे कुछ बहुत अलग नहीं हैं।

अध्यापक कुछ नहीं बोलता है

: वह कह रहा था कि वह घर जाना चाहता है और फिर जैसे ही वह तुम्हारे घर के आगे पहुँचा—मुड़कर चला गया। मैं नहीं जानती कहाँ।

अध्यापक : मैं यही कहूँगा कि वह मेरा बेटा है। हमारा बेटा, उनका अपना हाड़ गारा, उनका अपना खून।

सेन्योरा : तो जाकर कहते क्यों नहीं ?

अध्यापक : और अगर वे सच जानना ही न चाहें ?

चुप्पी

नौवाँ दृश्य

अध्यापक के घर का कमरा। सेन्योरा बैठी है, आन्द्री खड़ा है

सेन्योरा : आन्द्री, लोग नहीं चाहते कि मैं तुम्हें अपने आने की वजह बताऊँ। अब मैं चलती हूँ।

आन्द्री : सेन्योरा, मुझे कुछ समझ नहीं आ रहा है।

सेन्योरा : तुम जल्दी ही सब समझ जाओगे।

वह एक दस्ताना पहनती है

: क्या तुम जानते हो कि तुम बहुत सुन्दर हो ?

: **गली में शोर उठता है**

: उन लोगों ने तुम्हें गालियाँ दी हैं। तुम्हारे साथ बुरा बर्ताव किया है, आन्द्री। लेकिन अब इसका खात्मा हो जाएगा। सच्चाई उन्हें ठीक कर देगी। और तुम यहाँ अकेले इंसान हो जिसे सच्चाई से डरने की कोई जरूरत नहीं है।

आन्द्री : कौन-सी सच्चाई ?

सेन्योरा : मैं बहुत खुश हूँ कि तुमसे मुलाकात हो गई।

आन्द्री : क्या आप हमें छोड़कर जा रही हैं ?

सेन्योरा : मुझे ऐसा करने के लिए कहा जा रहा है।

आन्द्री : जब आप कहती हैं कि न कोई देश अंडोरा से अच्छा है और न ही बुरा, तो आप यहीं क्यों नहीं रुक जातीं?

सेन्योरा : क्या तुम ऐसा चाहते हो ?

गली में शोर उठता है

: मुझे जाना ही होगा। मैं उस तरफवालों में से हूँ। तुम सुन ही रहे हो कि मेरी वजह से लोग कैसे नाराज हैं। मैं एक काली! मुझे मालूम है कि यहाँ हमें ऐसे ही नामों से बुलाया जाता है।

वह दूसरा दस्ताना भी पहन लेती है

: मैं तुमसे बहुत कुछ कहना चाहती हूँ आन्द्री और बहुत कुछ पूछना चाहती हूँ। बहुत-सी बातें करना चाहती हूँ। लेकिन हम फिर मिलेंगे—मुझे इस बात का यकीन है...।

वह चलने को तैयार हो गई है

: तो तुम यहाँ बड़े हुए हो।

आन्द्री : हाँ।

सेन्योरा : अब मुझे चलना चाहिए।

वह बैठी रहती है

: जब मैं तुम्हारी उम्र की थी—यह वक्त बहुत जल्दी गुजर जाता है, आन्द्री। तुम अब बीस बरस के हो और यह बातें अभी ठीक से समझ नहीं सकते। कोई किसी से मिलता है, प्यार करता है, फिर वे अलग हो जाते हैं, सारी जिंदगी सामने होती है और जब तुम आईने में देखते हो तब अचानक यह तुम्हारे आगे से गुजर चुकी होती है। तुम खुद को बहुत अलग नहीं लगते, लेकिन अचानक तमाम दूसरे लोग बीस बरस के हो चुके होते हैं...। मेरे पिता फौज में थे। जब मैं तुम्हारी उम्र की थी तब लड़ाई में उनकी मौत हो गयी थी। मैं जानती थी कि वे कैसे सोचते थे और मैं उनकी तरह नहीं सोचना चाहती थी। हम दूसरी किस्म की दुनिया चाहते थे। हम तुम्हारी तरह जवान थे और जानते थे कि जो कुछ हमें सिखाया जा रहा था, वह बहुत घातक था। हम अपने समय के

हालातों की निंदा कर रहे थे। हम सब समझ रहे थे और एक दूसरी दुनिया बनाने की हिम्मत जुटा रहे थे। और हमने ये हिम्मत की। हम लोगों से डरना नहीं चाहते थे—किसी कीमत पर नहीं। हम झूठ नहीं बोलना चाहते थे। लेकिन जब हमने पाया कि दरअसल हम डर को सिर्फ छिपा भर रहे थे तो हम एक-दूसरे से नफरत करने लगे। हमारी दूसरी दुनिया ज्यादा देर तक नहीं चली। हम वापस सीमा पार चले गए—जहाँ से हम आए थे। उन दिनों हम तुम्हारी तरह जवान थे...

वह उठ जाती है

: जो कुछ मैं कह रही हूँ तुम समझ रहे हो न ?

आन्द्री : नहीं।

सेन्योरा आन्द्री के पास जाकर उसे चूमती है

: आप मुझे चूम क्यों रही हैं ?

सेन्योरा : मुझे जाना होगा। क्या हम फिर मिलेंगे ?

आन्द्री : मैं मिलना चाहता हूँ।

सेन्योरा : मैं हमेशा सोचती थी कि काश मैंने अपने माता-पिता को नहीं जाना होता। जब भी कोई इंसान अपने माता-पिता की पीछे छोड़ी गई दुनिया को देखता है तो उन्हें समझ नहीं पाता।

अध्यापक का माँ के साथ प्रवेश

: मैं चलती हूँ। अब मैं चलती हूँ।

चुप्पी

: तो मैं अब विदा लेती हूँ।

सेन्योरा जाती है

अध्यापक : आन्द्री, तुम उनके साथ जाओ। लेकिन चौपालवाले रास्ते से नहीं, पिछली तरफ से ले जाना।

आन्द्री : पिछली तरफ से क्यों ?

अध्यापक : जैसा कह रहा हूँ वैसा करो, बस।

आन्द्री जाता है

: पादरी उसे सब बता देंगे। इस बारे में मुझसे अब कुछ मत पूछो। मैंने तुम्हें कभी कुछ इसलिए नहीं बताया क्योंकि तुमने मुझे कभी समझा ही नहीं।

वह बैठ जाता है

: अब तुम सब कुछ जान ही गई हो।

माँ : आन्द्री क्या कहेगा ?

अध्यापक : उसे तो मुझ पर यक़ीन ही नहीं है।

सड़क पर शोर उठता है

: उम्मीद ही कर रहा हूँ कि भीड़ उसे अकेला छोड़ दे।

माँ : जितना तुम समझते हो, कैन, मैं तुम्हें उससे ज्यादा ही जानती हूँ। तुम उसे चाहते थे, लेकिन तुमने मुझसे शादी की। क्योंकि मैं अंडोरा की थी। तुमने हम सबको धोखा दिया है और आन्द्री को सबसे ज्यादा। अंडोरावालों को दोष मत दो, तुम भी उनमें से ही हो।

पादरी आता है

: इस घर में, श्रद्धेय, आपको एक कठिन काम करना है। आपने हमारे आन्द्री को यह समझाया है कि यहूदी होने का क्या मतलब होता है। यह भी कि उसे अपना यहूदी होना मान लेना चाहिए। उसने ऐसा मान लिया है। लेकिन अब आपको उसे समझाना है कि एक अंडोरावासी होने का क्या मतलब होता है और यह कि उसे अपना अंडोरावासी होना मान लेना चाहिए।

अध्यापक : अब तुम हमें अकेला छोड़ दो।

माँ : ईश्वर आपको राह दिखाएँ, फादर बेनेडिक्ट।

माँ बाहर जाती है

पादरी : कोई फायदा नहीं हुआ। उनसे बात कर पाना नामुमकिन है। हर समझदारी का शब्द उन्हें भड़काता है। मैंने उन्हें अपने-अपने घर जाकर अपना-अपना काम देखने को

कहा। लेकिन नहीं—दरअसल उनमें से कोई भी यह नहीं जानता कि वह चाहता क्या है।

आन्द्री वापस आता है

अध्यापक : तुम इतनी जल्दी वापस कैसे आ गये ?

आन्द्री : उन्होंने कहा वह अकेली ही जाना चाहती हैं।

वह अपना हाथ दिखाता है

: उन्होंने मुझे यह दी।

अध्यापक : अपनी अँगूठी ?

आन्द्री : हाँ।

अध्यापक पहले कुछ नहीं बोलता, फिर खड़ा हो जाता है

: कौन है यह सेन्योरा?

अध्यापक : मैं उसके साथ जाता हूँ।

अध्यापक जाता है

पादरी : तुम किस बात पर हँस रहे हो ?

आन्द्री : वह ईर्ष्यालु हो रहे हैं।

पादरी : बैठो।

आन्द्री : आप सबको क्या हुआ है ?

पादरी : यह हँसने की बात नहीं है, आन्द्री।

आन्द्री : लेकिन मजाकिया जरूर है।

आन्द्री अँगूठी देखता है

: मुझे लगता है इसका नग पुखराज है।

पादरी : आन्द्री, हमें कुछ बातें करनी होंगी।

आन्द्री : एक बार फिर ?

आन्द्री हँसता है

: आज हर कोई उलझे धागोंवाली पुतलियों के जैसा बर्ताव कर रहा है— आप भी फादर।

आन्द्री सिगरेट जलाता है

: शायद वह कभी पिताजी की प्रेमिका रही थीं। ऐसा लगता

है। आपको नहीं लगता?

: पर बहुत शानदार महिला है।

पादरी : आन्द्री, मुझे तुम्हें कुछ बताना है।

आन्द्री : आपके बताते वक्त क्या मैं खड़ा नहीं रह सकता हूँ ?

आन्द्री बैठ जाता है

: मुझे दो बजे दुकान पहुँचना है। क्या आपको नहीं लगता कि वह शानदार महिला थी?

पादरी : मुझे खुशी है कि वह तुम्हें भा गई है।

आन्द्री सिगरेट का कश लेता है

: आप मुझे यही कहना चाहते हैं न कि मुझे किसी फौजी के सिर से उसकी टोपी नहीं गिरानी चाहिए। अगर कहीं फौजी को मेरे यहूदी होने की बात मालूम हो फिर तो ऐसा बिल्कुल भी नहीं करना चाहिए। लेकिन मुझे खुशी है कि मैंने ऐसा किया है। मैंने इससे कुछ सीखा है। फिर चाहे मुझे इस सीखे का कोई फायदा न हो। फादर, आपसे हुई पिछली बातचीत के बाद शायद ही कोई दिन जाता है जब मैं ऐसी कोई बात न सीखूँ, जिसका मुझे कोई फायदा नहीं होता। आपके मीठे शब्दों के अलावा मुझे कोई फायदा नहीं होता। मेरा विश्वास है कि आप सबका भला ही चाहते हैं। आप व्यवसाय से ईसाई हैं लेकिन मैं तो पैदायशी यहूदी हूँ और इसीलिए मैं यह देश छोड़ दूँगा।

पादरी : आन्द्री।

आन्द्री : अगर छोड़ सका तो–।

आन्द्री सिगरेट बुझाता है

: दरअसल मैं यह बात किसी को बताना नहीं चाहता था।

पादरी : तुम जहाँ हो, वहीं रहो।

आन्द्री : यह अँगूठी मेरी मदद करेगी।

पादरी कुछ नहीं बोलता

: अब आप मेरा एक ही काम कर सकते हैं—कि जो बात मैंने आपको बताई है वह किसी से भी न कहें।

आन्द्री खड़ा होता है

: मुझे चलना चाहिए।

आन्द्री हँसता है

: आप सही कहते हैं, फादर, मैं कुछ बेचैन-सा रहता हूँ... ।

पादरी : अब तुम ही बोलते रहोगे या मैं भी...?

आन्द्री : माफ कीजिए।

आन्द्री बैठ जाता है

: मैं सुन रहा हूँ।

पादरी : आन्द्री—

आन्द्री : आप कितने संस्कारवाले हैं।

पादरी : मैं तुम्हें मुक्त करने आया हूँ।

आन्द्री : सुन रहा हूँ।

पादरी : आन्द्री, जब हम दोनों ने पिछली बार बातचीत की थी, तब तक मुझे भी इस बारे में पता नहीं था। सालों साल यही कहा जाता रहा है कि उसने एक यहूदी बच्चे को बचाया था—जो कि ईसाई नजरिये से पवित्र काम है—भला मैं इस बात पर कैसे यकीन नहीं करता। लेकिन आन्द्री, अब तुम्हारी माँ आ गई है।

आन्द्री : कौन आ गई है ?

आन्द्री उछलकर खड़ा हो जाता है।

पादरी : हाँ आन्द्री, तुम यहूदी नहीं हो।

चुप्पी छा जाती है

: तुम्हें मेरी बात पर यकीन नहीं हो रहा है ?

आन्द्री : नहीं।

पादरी : तुम्हें लगता है कि मैं झूठ बोल रहा हूँ ?

आन्द्री : फादर, ऐसा लग रहा है।

पादरी : कैसा लग रहा है ?

आन्द्री : यही कि मैं यहूदी हूँ कि नहीं।

पादरी उठकर आन्द्री की तरफ बढ़ता है

: मुझे हाथ मत लगाइए। अपने हाथ दूर ही रखिए। अब यह सब मुझे नहीं चाहिए।

पादरी : क्या तुम मेरी बात नहीं सुन रहे हो ?

आन्द्री चुप हो जाता है

: तुम उसी के बेटे हो ?

आन्द्री हँसता है

: यही सच है, आन्द्री।

आन्द्री : आखिर कितने सच हैं तुम लोगों के पास ?

आन्द्री सिगरेट निकालता है फिर उसे भूल जाता है

: तुम लोग मेरे साथ ऐसा नहीं कर सकते।

पादरी : तुम हम पर विश्वास क्यों नहीं करते ?

आन्द्री : बहुत विश्वास किया है मैंने तुम लोगों पर।

पादरी : आन्द्री, मैं अपनी आत्मा की पवित्रता की सौगंध खाकर कहता हूँ कि तुम उसी के बेटे हो—हमारे बेटे। और अब तुम्हारे यहूदी होने का सवाल ही नहीं उठता।

आन्द्री : अभी तक तो इसका बहुत बड़ा सवाल था।

गली में जोरों से शोर उठता है

पादरी : यह क्या हो रहा है ?

चुप्पी छा जाती है

आन्द्री : जब से मैं सुनने लायक हुआ हूँ मुझे यही बताया गया कि मैं औरों से अलग हूँ। मैं सोचता रहा हूँ कि क्या वाकई वैसा ही है जैसा कि वे कहते हैं। मुझे बताया गया है कि मेरे जैसे लोग कैसे चलते हैं—ऐसे, इस तरह। मैं रोज शाम को शीशे के सामने खड़ा हो जाता था। वे लोग ठीक कहते हैं—मैं ऐसे ही चलता हूँ। मैं इससे अलग नहीं चल सकता। मैंने यह भी सोचा है कि क्या मैं वाकई

हर वक्त पैसे के बारे में सोचता रहता हूँ। जब अंडोरावाले मुझे देखकर सोचते हैं कि मैं पैसे के बारे में सोच रहा हूँ, तो उनका सोचना ठीक ही होता है। मैं वाकई हमेशा पैसे के बारे में सोचता रहता हूँ। मुझमें जरा भी खुशमिजाजी नहीं है। मैंने खुशमिजाज़ होने की कोशिश भी की, लेकिन इसका कोई फायदा नहीं हुआ। मुझमें खुशमिजाजी है ही नहीं—बल्कि एक तरह का डर है। मुझे बताया गया है कि मेरी कौम के लोग कायर होते हैं। लेकिन जब मैं डरता हूँ तो मुझे उस डर का भान हो जाता है। मैं उनकी बात को मानना नहीं चाहता था। लेकिन उनका मुझे यहूदी बताना ठीक ही था। उन लोगों ने मुझे जूतों से मारा था। यही बात है। मुझे भी लगता है कि मैं उनके जैसा नहीं हूँ। मेरी कोई मातृभूमि नहीं है। आपने कहा था कि मुझे अपना यहूदी होना स्वीकार कर लेना चाहिए। और अब मैंने इसे स्वीकार कर लिया है। अब यह तुम लोगों पर है कि तुम लोग अपने इस यहूदी को स्वीकार करो।

पादरी : आन्द्री।

आन्द्री : इस वक्त मैं बोल रहा हूँ, फादर।

पादरी : क्या तुम यहूदी ही होना चाहते हो ?

आन्द्री : मैं यहूदी हूँ। एक लंबे अरसे तक मैं इसका मतलब नहीं जानता था। अब जानता हूँ।

पादरी लाचार होकर बैठ जाता है

: अब मुझे न कोई पिता चाहिए और न ही कोई माँ, ताकि न तो उनकी मौत से मुझे कोई मानसिक कष्ट और निराशा हो और न ही मेरी मौत से उन्हें। न कोई बहन चाहिए न दुल्हन। जल्दी ही सब कुछ खत्म हो जाएगा। इसमें न कोई सौगंध मददगार होती है न ही हमारी वफादारी। मैं चाहता हूँ कि यह जल्दी हो जाए। मैं बड़ा

हो गया हूँ। मेरा भरोसा अब क्रमशः टूटता जा रहा है। ठीक वैसे ही जैसे दाँत गिरते जाते हैं। मैं खुशी से किलकारियाँ मारता था। पेड़ों में से सूरज मुझे हरा दिखाई देता था। मैंने अपने नाम को टोपी की तरह उछाला था जो मेरी ही थी, किसी और की नहीं। और इसके बदले में एक पत्थर नीचे गिरा जिसने मुझे मार डाला। मैं हमेशा गलत था लेकिन उस तरह से नहीं जैसा कि वे सोचते हैं। मैं सच की राह चलना चाहता था, खुशियाँ चाहता था। जो मेरे शत्रु थे वही ठीक थे—फिर चाहे उन्हें सही होने का भी हक नहीं था—इतने अन्यायी थे वे। सारी बात समझने के बावजूद भी मैं खुद को ठीक नहीं कह सकता हूँ। अब मुझे शत्रुओं की जरूरत नहीं है। सच ही पर्याप्त है। जब भी मुझमें आशा जागती है, मैं डरता हूँ। उम्मीद मुझ तक कभी नहीं पहुँची। मैं हँसते हुए डरने लगता हूँ। मैं रो नहीं पाता हूँ। मेरा दुख मुझे तुम लोगों से ऊपर उठा देता है और इसीलिए मुझे गिरना भी होगा। दुख से मेरी आँखें फैल गई हैं, मेरा खून सब कुछ जानता है और मैं मर जाना चाहता हूँ। लेकिन मुझे मरने से डर लगता है। यहाँ जरा-सा भी तो सम्मान नहीं है !

पादरी : तुम पाप कर रहे हो।

आन्द्री : उस बूढ़े अध्यापक को देखिए जो वहाँ नीचे उतर रहा है। वह कहता है कि वह कभी युवा था। उसके बड़े-बड़े आदर्श थे। जरा बार्बलिन को देखिए—फौजियों को देखिए—बाकी सभी को देखिए ! आप खुद को देखिए, फादर। आप खूब जानते हैं कि जब वे मुझे आपकी आँखों के आगे से पकड़कर ले जाएँगे तो आप क्या करेंगे। इसीलिए आपकी ये सम्माननीय आँखें मुझे इस तरह घूर रही हैं। आप प्रार्थना करेंगे—मेरे और अपने लिये। आपकी प्रार्थना आपकी कोई मदद नहीं करेगी। आप

अपनी प्रार्थना के बावजूद मुझे धोखा देंगे। ईश्वर की कृपा एक पुरानी कहावतभर है। सूरज पेड़ों के बीच से यूँ ही हरा दिखाई देता रहेगा—मेरे पकड़े जाने के बाद भी चमकता रहेगा।

अध्यापक आता है। उसके कपड़े फटे हुए हैं

पादरी : क्या हुआ ?

अध्यापक ढेर हो जाता है

पादरी : कुछ बोलिए तो सही।

अध्यापक : वह मर गई।

आन्द्री : सेन्योरा ?

पादरी : यह कैसे हुआ ?

अध्यापक : एक पत्थर से।

पादरी : किसने फेंका ?

अध्यापक : वे कहते हैं आन्द्री ने। सराय के मालिक ने अपनी आँखों से देखा है।

आन्द्री वहाँ से जाना चाहता है। अध्यापक उसे पकड़ लेता है

अध्यापक : आन्द्री यहाँ था। आप इस बात के गवाह हैं।

मंच का अगला भाग। 'अनजान आदमी' गवाह के कठघरे में आता है

अ. आदमी : मैं मानता हूँ कि यह बात साबित नहीं हो सकी है कि उस परदेसी औरत पर पत्थर किसने फेंका था। मैं वहाँ व्यक्तिगत रूप से मौजूद नहीं था। मैं किसी को भी कुसूरवार नहीं ठहराना चाहता क्योंकि मैं सारी दुनिया का न्यायाधीश नहीं हूँ। जहाँ तक उस जवान छोकरे का सवाल है—वह मुझे अच्छी तरह याद है। वह अपनी बख्शीश के पैसों से जूक बॉक्स बजाता था। जब वे लोग उसे पकड़ ले गए थे तो मैं उसके लिए बहुत दुखी हुआ था। मुझे नहीं मालूम कि बाद में सैनिकों ने उसके साथ क्या किया था। हमने तो सिर्फ उसकी चीख भर सुनी थी। वैसे मुझे लगता है कि कभी-कभार कुछ भूल भी जाना चाहिए।

दसवाँ दृश्य

अंडोरा का चौपाल। आन्द्री अकेला बैठा है

आन्द्री : मैं जानता हूँ कि हर तरफ से लोग मुझे देख रहे हैं। उन्हें देखना भी चाहिए...

वह सिगरेट जलाता है

: मैंने पत्थर नहीं फेंका था!

वह कश लगाता है

: वे सभी आएँ जो मेरे पत्थर फेंकने के चश्मदीद गवाह हैं। हिम्मत हो तो आएँ निकल कर अपने घर से और मुझ पर उँगली उठाएँ।

: इस तरह दीवारों के पीछे से फुसफुसाने का क्या मतलब है ?

: **फुसफुसाहट**

: जब तुम फुसफुसाते हो तो मुझे कुछ भी समझ नहीं आता है।

वह सिगरेट पीता है

: एक घंटे से तो मैं यहाँ बीच शहर में बैठा हूँ। कोई आदमी यहाँ नहीं है—जैसे सब के सब मर-खप गये हों। सभी लोग तहखानों में बैठे हैं। सब कुछ अजीब-सा लगता है। सिर्फ गौरैया ही तारों पर बैठी हैं।

फिर से फुसफुसाने की आवाज होती है

: मैं छिपकर क्यों बैठूँ !

आवाज फुसफुसाती है

आन्द्री : मैंने पत्थर नहीं फेंका था।

वह कश लेता है

: बहुत सवेरे से मैं गलियों में मटरगश्ती कर रहा हूँ। बिल्कुल अकेला। सभी दुकानें, दरवाजे बंद हैं। तुम्हारे बर्फ जैसे सफेद अंडोरा में सिर्फ कुते-बिल्लियाँ ही बचे हैं।

एक गुजर रही मोटर गाड़ी पर लगा लाउडस्पीकर जोरों से गूँजती आवाज में कुछ बोलता है लेकिन उसे कुछ भी समझ नहीं आता

आन्द्री : तुम्हें रायफल साथ नहीं रखनी चाहिए। सुना ? इसकी इजाजत नहीं है।

रायफल लिये हुए अध्यापक आता है

अध्यापक : आन्द्री--

आन्द्री सिगरेट का कश लगाता है

: हम तुम्हें सारी रात ढूँढते रहे।

आन्द्री : बार्बलिन कहाँ है ?

अध्यापक : तुम्हें ढूँढते हुए मैं वहाँ जंगल में भी गया था।

आन्द्री : मुझे भला जंगल में क्या काम होता ?

अध्यापक : आन्द्री, काले लोग आ गये हैं।

वह कान लगाकर सुनता है

: शांत रहो !

आन्द्री : तुम क्या सुनने की कोशिश कर रहे हो ?

अध्यापक रायफल का 'सेफ्टी कैच' छोड़ देता है

: सिर्फ पक्षी हैं, पक्षियों के अलावा कुछ भी नहीं है!

पक्षियों के चहचहाने की आवाज

अध्यापक : तुम यहाँ नहीं रह सकते।

आन्द्री : मैं कहाँ रह सकता हूँ ?

अध्यापक : जो तुम कर रहे हो, यह सब बकवास है। यह सब पागलपन है।

वह आन्द्री की बाँह पकड़ लेता है

: चलो अब !

आन्द्री : मैंने पत्थर नहीं फेंका है।

वह खुद को छुड़ा लेता है

: नहीं फेंका मैंने पत्थर !

शोर मचता है

अध्यापक : यह क्या था ?

आन्द्री : खिड़कियों के दरवाजे बंद होने की आवाज है।

वह अपनी सिगरेट को पैरों से कुचल देता है

: खिड़कियों के दरवाजों के पीछे लोग हैं!

वह दूसरी सिगरेट निकालता है

: क्या तुम्हारे पास लाइटर है ?

दूर से ढोल बजने की आवाजें आती हैं

अध्यापक : क्या तुमने ये धाँय-धाँय की आवाजें सुनीं ?

आन्द्री : आज हमेशा से कहीं ज्यादा शांति है।

अध्यापक : मैं समझ नहीं पा रहा हूँ कि अब क्या होगा।

आन्द्री : कमाल है।

अध्यापक : क्या कह रहे हो ?

आन्द्री : गुलामी से तो मौत भली।

गुजरती गाड़ी से लाउडस्पीकर की गूँजती आवाज

आन्द्री : ''अंडोरा के नागरिकों को किसी भी बात से डरने की कोई जरूरत नहीं है।'' सुना तुमने ? लाउडस्पीकर की आवाज फिर आने लगती है–''शांति और व्यवस्था–मारकाट–शान्ति के नाम पर–हथियार लेकर चलना या उन्हें छिपाना–सेना-प्रमुख की आज्ञा–किसी भी अंडोरा के नागरिक को किसी भी बात से डरने की जरूरत नहीं है।''

चुप्पी छा जाती है

: दरअसल सब कुछ ठीक वैसे ही हो रहा है जैसे कि उम्मीद थी।

अध्यापक : किस बारे में बात कर रहे हो, तुम।

आन्द्री : तुम लोगों के समर्पण की।

चौपाल की तरफ बिना हथियार लिये तीन आदमी आगे जाते हैं

: तुम हथियार लेकर चलनेवाले अकेले आदमी हो।

अध्यापक : ये कमीने !

आन्द्री : अंडोरावासियों को डरने की जरूरत नहीं है।

अध्यापक गुजरे लोगों की तरफ देख रहा है

: तुमने देखा कि वे कैसे चल रहे थे ? वे एक-दूसरे की तरफ नहीं देख रहे थे। वे बिल्कुल चुप थे। एक वक्त आता है जब हर आदमी यह महसूस करने लगता है कि वह कितनी सारी बातों पर यकीन ही नहीं करता था। इसीलिए वे इतनी अजीब तरह से चल रहे हैं। उन्हीं लोगों की तरह जो सदा झूठ बोलते रहे हों।

बिना रायफल लिये दो आदमी चौपाल से गुजरते हैं

अध्यापक : बेटे...।

आन्द्री : अब फिर से यह सब शुरू मत करो !

अध्यापक : अगर तुम मुझ पर यकीन नहीं करोगे तो हार जाओगे।

आन्द्री : मैं तुम्हारा बेटा नहीं हूँ।

अध्यापक : अपने पिता का चुनाव नहीं किया जा सकता। मैं आखिर क्या करूँ जो तुम्हें मेरी बात का यकीन हो जाए। मैं और क्या करूँ ? मैंने उन लोगों से हर जगह कह दिया है, स्कूल में भी बता दिया है कि तुम मेरे बेटे हो। और मैं क्या करूँ ? क्या खुद को फाँसी लगा लूँ ताकि तुम मुझ पर यकीन कर सको ? मैं अब तुमसे दूर नहीं जाऊँगा।

वह आन्द्री के पास बैठ जाता है

: आन्द्री–।

आन्द्री घरों की छतों की तरफ देखता है

अध्यापक : तुम कहाँ देख रहे हो ?

एक छत पर काला झंडा फहराया जाता है

आन्द्री : उनसे रहा नहीं जा रहा है।

अध्यापक : उनके पास ये झंडे कहाँ से आ गये ?

आन्द्री : अब उन्हें बलि के एक बकरे की जरूरत है।

एक और काला झंडा फहराया जाता है

अध्यापक : घर चलो, आन्द्री !

आन्द्री : अब इसका कोई फायदा नहीं है, पिताजी, कि तुम उन्हें बार-बार एक ही बात बताओ ! न तो मेरी किस्मत आपकी हो सकती है और न आपकी किस्मत मेरी।

अध्यापक : मेरी इकलौती गवाह मर चुकी है।

आन्द्री : उनके बारे में कुछ मत कहो।

अध्यापक : तुमने उसी की अँगूठी पहन रखी है।

आन्द्री : जैसा तुमने किया है वैसा तो कोई पिता नहीं करता।

अध्यापक : तुम्हें यह कैसे पता चला ?

आन्द्री कान लगाकर सुनता है

: वे कहते थे कि अंडोरा के किसी भी नागरिक का उस पार की किसी भी लड़की से कोई सरोकार नहीं है। किसी बच्चे से तो बिल्कुल भी नहीं। मुझे उनसे डर लगा था, हाँ, अंडोरा से डर। क्योंकि मैं कायर था...।

आन्द्री : लोग सुन रहे हैं।

अध्यापक चारों तरफ देखता है और घरों की तरफ देखकर चीखता है

: हाँ, क्योंकि मैं कायर था–बुजदिल।

आन्द्री को सम्बोधित करते हुए

: इसीलिए मैंने ऐसा कहा था। उन दिनों किसी यहूदी बच्चे

को पालना ज्यादा आसान था। ऐसा करना प्रशंसनीय था। वे तुम्हें सहलाते थे। हाँ, क्योंकि ऐसा करना उन्हें अच्छा लगता था। उन्हें यह अहसास अच्छा लगता था कि वे उस तरफवालों जैसे नहीं हैं।

आन्द्री कान लगाकर सुनता है

अध्यापक : क्या तुम सुन रहे हो कि तुम्हारा पिता क्या कह रहा है?

एक खिड़की बंद होने की आवाज

: उन्हें सुनने दो कि हम क्या बातें कर रहे हैं!

एक और खिड़की बंद होने की आवाज

: आन्द्री–।

आन्द्री : वे तुम्हारी इस बात पर यकीन नहीं करते।

अध्यापक : क्योंकि तुम मुझ पर यकीन नहीं करते।

आन्द्री कश लेने लगता है

: तुम और तुम्हारी बेगुनाही। तुमने पत्थर नहीं फेंका। हाँ–सही है। फिर से कहो यही बात और अब देखो मुझे किसी यहूदी की तरह। लेकिन सच यह है कि तुम मेरे बेटे हो। हाँ–मेरे बेटे। और अगर तुम इस पर यकीन नहीं करोगे तो तुम्हारा कुछ नहीं बननेवाला।

आन्द्री : हाँ, मेरा कुछ नहीं बननेवाला।

अध्यापक : तुम मेरे अपराध का बोझ उठाना चाह रहे हो ?

आन्द्री उसे ताकता रहता है

: कह भी दो।

आन्द्री : क्या ?

अध्यापक : यही कि मैं खुद को फाँसी लगा लूँ–कहो यह बात!

कहीं दूर से सैनिकों के मार्च पास्ट की धुन सुनाई देती है

आन्द्री : वे संगीत के साथ इधर आ रहे हैं।

वह एक और सिगरेट निकालता है

: मैं पहला आदमी नहीं हूँ जिसका कुछ नहीं बनेगा। जो

कुछ तुम कह रहे हो इसका कोई फायदा नहीं है। मैं जानता हूँ कि मेरे पूर्वज कौन हैं। हजारों-लाखों लोग उसी खंभे पर बाँधकर मारे गए हैं। उनकी तकदीर ही मेरी तकदीर है।

अध्यापक : तकदीर !

आन्द्री : यह सब तुम्हें समझ नहीं आएगा, क्योंकि तुम यहूदी नहीं हो।

वह गली की तरफ देखता है

: मुझे अकेला छोड़ दो।

अध्यापक : तुम क्या देख रहे थे ?

आन्द्री : किस तरह वे अपनी रायफलों का ढेर बना रहे हैं।

फौजी आता है। उसके पास रायफल नहीं है—सिर्फ एक ढोल है। रायफलों को ढेर में फेंकने की आवाजें आ रही हैं

फौजी : मैंने कहा था—ठीक वैसे करो जैसे फौज में लोग करते हैं।

वह अध्यापक के पास आता है

: अपनी रायफल दो।

अध्यापक : नहीं।

फौजी : हुक्म सिर्फ हुक्म होता है।

अध्यापक : नहीं।

फौजी : अंडोरा के नागरिकों को किसी भी चीज से डरने की जरूरत नहीं है।

डॉक्टर, सराय का मालिक, बढ़ई, कारीगर और 'अनजान आदमी' आते हैं। किसी के भी पास रायफल या हथियार नहीं है

अध्यापक : कमीनो ! कुत्तो ! नीच हो तुम लोग ! सब के सब नीच!

अध्यापक अपनी रायफल का 'सेफ्टी कैच' छोड़ता है और उन लोगों पर गोली चलाना चाहता है।

लेकिन फौजी उसे पकड़ लेता है। कुछ देर के बेआवाज संघर्ष के बाद अध्यापक निहत्था हो जाता है—चारों तरफ देखता है

अध्यापक : मेरा बेटा ! मेरा बेटा कहाँ है?

ढूँढता हुआ वहाँ से भागता है

अ. आदमी : भला इसे क्या हो गया है ?

मंच से अगले हिस्से में दायीं तरफ जूक बॉक्स के पास आन्द्री दिखाई पड़ता है। वह जूक बॉक्स में एक सिक्का डालता है। धुन बजने लगती है और आन्द्री धीरे-धीरे गायब हो जाता है।

मंच का अगला हिस्सा

जूक बॉक्स बज रहा है। दो फौजी काली वर्दी में सब-मशीन गन लिए गश्त लगा रहे हैं

ग्यारहवाँ दृश्य

बार्बलिन के कमरे के बाहर का दृश्य। आन्द्री और बार्बलिन। दूर कहीं ढोल बज रहे हैं

आन्द्री : कितनी बार सोई हो तुम उसके साथ ?

बार्बलिन : आन्द्री।

आन्द्री : कितनी बार तुम उसके साथ हमबिस्तर हुई हो जब कि मैं यहाँ देहरी पर बैठा तुम्हें लेकर भाग जाने की बातें बोलता रहता था–

बार्बलिन चुप रहती है

आन्द्री : यहीं खड़ा था वह : नंगे पैर, बेल्ट खोले, जानती हो!

बार्बलिन : चुप रहो!

आन्द्री : बंदरों जैसे बाल हैं उसकी छाती पर।

बार्बलिन चुप रहती है

आन्द्री : आवारा आदमी है वह!

बार्बलिन चुप रहती है

आन्द्री : कितनी बार ? बताओ !

बार्बलिन चुप रहती है

: तुम कुछ नहीं कह रही हो...तो आज की रात हम लोग क्या बातें करें ? तुम कहती हो कि अब मुझे हमारे बारे में नहीं सोचना चाहिए। मुझे अपने भविष्य के बारे में सोचना चाहिए। लेकिन मेरा तो कोई भविष्य है ही नहीं।

इसीलिए मैं यह पूछ रहा हूँ कि आखिर कितनी बार तुम उसके साथ हमबिस्तर हुईं ?

बार्बलिन सिसकने लगती है

: और क्या यह चलता ही रहेगा।

बार्बलिन सिसक रही है

: लेकिन मैं यह सब क्यों जानना चाह रहा हूँ ? भला मेरा इस सबसे क्या लेना-देना है? सिर्फ एक बार अपने मन में तुम्हारे लिए कसक पैदा करने के लिए—फिर से एक भावना को जन्म देने के लिए।

आन्द्री ध्यान लगाकर कुछ सुनता है

बार्बलिन : आन्द्री।

आन्द्री : **चुप रहने का इशारा करते हुए :**

शSSS

बार्बलिन : ऐसा बिल्कुल नहीं है।

आन्द्री : पता नहीं कहाँ ढूँढ रहे हैं मुझे वे लोग ?

बार्बलिन : तुम ठीक नहीं सोच रहे हो।

आन्द्री : जब वे आएँगे तो मैं माफी माँग लूँगा...

बार्बलिन फिर से सिसक रही है

आन्द्री : क्या मैं ठीक नहीं सोच रहा हूँ ? मैं समझता था कि हम एक-दूसरे से प्यार करते है। मैं तो सिर्फ यही पूछ रहा हूँ कि सच्चे मर्द का साथ कैसा होता है ? इसमें इतना शरमाने की क्या बात है ? इतना तो तुम मुझे बता ही सकती हो—खासकर अब, जबकि तुम खुद को मेरी छोटी बहन जैसा महसूस करती हो।

आन्द्री उसके बालों में हाथ फेरता है

: मैंने तुम्हारे लिए बहुत इंतजार किया है...

आन्द्री फिर से सुनता है

बार्बलिन : वे तुम्हारे साथ कुछ नहीं कर सकते !

आन्द्री : भला इसका फैसला कौन करेगा ?

बार्बलिन : मैं तुम्हारे साथ रहूँगी!

चुप्पी

आन्द्री : अब मुझे फिर से डर लग रहा है—

बार्बलिन : भइया।

आन्द्री : अगर अचानक उन्हें यह मालूम पड़ जाए कि कोई यहूदी किसी घर में है और वे उस घर में उसे न ढूँढ पाएँ तो वे उस घर को आग लगा देते हैं और तब तक नीचे खड़े रहते हैं जबकि यहूदी किसी खिड़की से बाहर कूद न पड़े।

बार्बलिन : आन्द्री, तुम यहूदी नहीं हो।

आन्द्री : तो फिर तुम मुझे छिपाना क्यों चाहती हो ?

दूर कहीं से ढोल बजने की आवाजें आती हैं

बार्बलिन : तुम मेरे कमरे में चलो।

आन्द्री इनकार में सिर हिलाता है

: ऊपरवाले कमरे के बारे में किसी को नहीं मालूम।

आन्द्री : पाइडर के अलावा।

दूर बजते ढोल बंद हो जाते हैं

: सब खत्म हो रहा है।

बार्बलिन : क्या कहा तुमने ?

आन्द्री : जो कुछ अब होने जा रहा है, वह सब यहाँ पहले भी हो चुका है। मैंने कहा था : सब खत्म हो गया। तुम्हारी गोद में मेरा सिर—याद है तुम्हें। क्या मैं तुम्हारे रास्ते में आता था? मुझे नहीं लगता। हाँ, कुछ बातें मैं जरूर सोच सकता हूँ। मुझे नहीं लगता। तो क्या ? मैं वह सारी बकवास याद कर सकता हूँ जो मैं बैठा बोलता रहता था—जबकि तुम्हें कोई लगाव ही नहीं था। तुम तब हँसी क्यों नहीं ? तुम एक बार भी नहीं हँसी। सब खत्म होता रहा और मुझे इसका भान तक नहीं हुआ—यहाँ तक कि जब पाइडर कमरे के भीतर था।

तुम्हारे बाल उसके हाथों में। तो क्या हुआ ? यह सब पहले भी हो चुका है...

ढोलों की आवाज नजदीक आ जाती है

: देखो, वे जानते हैं कि डर कहाँ है।

बार्बलिन : वे आगे चले जाएँगे।

आन्द्री : वे घर को घेर रहे हैं।

अचानक ढोलों की आवाजें बंद हो जाती हैं

: वे मुझे ही खोज रहे हैं। यह बात तुम अच्छी तरह जानती हो। मैं तुम्हारा भाई नहीं हूँ। झूठों से कोई फायदा नहीं होगा। पहले ही बहुत से झूठ बोले जा चुके हैं।

चुप्पी

: अच्छा चलो, अब मुझे चूमो!

बार्बलिन : नहीं।

आन्द्री : अपने कपड़े उतारो।

बार्बलिन : तुम अपनी अक्ल खो बैठे हो, आन्द्री।

आन्द्री : चूमो मुझे। अपनी बाँहों में लो मुझे।

बार्बलिन आन्द्री से अपना बचाव करती है

: इस सबसे भला क्या होगा ? इतनी मासूम मत बनो।

खिड़की का शीशा टूटने की आवाज आती है

बार्बलिन : यह क्या था ?

आन्द्री : वे जानते हैं कि मैं कहाँ हूँ ?

बार्बलिन : जल्दी से मोमबत्ती बुझा दो।

एक और खिड़की का शीशा टूटता है

आन्द्री : चूमो मुझे।

बार्बलिन : नहीं। नहीं....

आन्द्री : क्या तुम मेरे साथ वह भी नहीं कर सकती जो तुम किसी के भी साथ करती रहती हो—हँसकर, कपड़े उतारकर। बताओ ? बोलो ? अरी ओ फौजी की प्रेमिका, मेरा चूमना क्या कुछ ज्यादा अलग है ? आखिर क्या फर्क पड़ता

है—एक कम या एक ज्यादा। आखिर मेरे साथ यह भेदभाव क्यों ? बता। मेरे चूमने से तेरे बाल खराब हो जाते हैं क्या ?

बार्बलिन : भइया।

आन्द्री : आखिर तुझे मेरे साथ ही क्यों शर्म आती है ?

बार्बलिन : अब छोड़ो मुझे।

आन्द्री : अब, हाँ अब और फिर कभी नहीं। मैं तुझे अभी चाहता हूँ—खुश और नंगी। हाँ, मेरी बहना, हाँ...

बार्बलिन चीखती है

: बार्बलिन, वे जहरीली कंटालिकाएँ याद करो—

आन्द्री उसका ब्लाउज ऐसे खोलता है जैसे बार्बलिन बेहोश पड़ी हो

बार्बलिन : तुम पागल हो गए हो!

दरवाजे की घंटी बजती है

: सुना तुमने, आन्द्री ? हम पर यकीन नहीं किया तो तुम नहीं बचोगे। छिप जाओ, छिप जाओ आन्द्री !

फिर से दरवाजे की घंटी बजती है

आन्द्री : हमने बचपन में ही जहर क्यों नहीं खा लिया, बार्बलिन। अब तो बहुत देर हो चुकी है...

बाहर के दरवाजे को जोरों से पीटने की आवाजें

बार्बलिन : पिताजी दरवाजा नहीं खोल रहे हैं।

आन्द्री : सब कुछ कितनी धीरे-धीरे हो रहा है।

बार्बलिन : क्या कहा तुमने ?

आन्द्री : मैंने कहा—सब कुछ कितनी धीरे हो रहा है।

घर का दरवाजा पीटने की आवाजें

बार्बलिन : हे ईश्वर ! हे भगवान ! हे सर्वशक्तिमान !

घर के दरवाजे के टूटने की आवाज

आन्द्री : मुझे अकेला छोड़ दो ! जल्दी करो ! अपना बचाव करो! यह अपना ब्लाउज ले जाओ। अगर कहीं वे तुम्हें मेरे

साथ पाएँगे तो ठीक नहीं होगा। लेकिन जरा जल्दी करो। अपने बाल ठीक कर लो।

बार्बलिन मोमबत्ती बुझा देती है। घर में भारी-भरकम बूटों के चलने की आवाजें आती हैं। ढोल लिये फौजी काली वर्दीवाले फौजियों के साथ टॉर्च लिये आता है। कमरे के आगे सिर्फ बार्बलिन खड़ी है।

फौजी : वह कहाँ है ?

बार्बलिन : कौन ?

फौजी : हमारा यहूदी।

बार्बलिन : यहाँ कोई यहूदी नहीं है।

फौजी उसे एक तरफ धकेलता है और दरवाजे की तरफ बढ़ता है

: और कर ले तू बदतमीजी।

फौजी : दरवाजा खोल।

बार्बलिन : बचाओ! बचाओ!

आन्द्री दरवाजे से बाहर निकलता है

फौजी : यही है वह।

आन्द्री को रस्सी से बाँध दिया जाता है

बार्बलिन : मेरे भाई को हाथ मत लगाना। वह मेरा भाई है।

फौजी : यह तो यहूदी जाँच से ही पता चलेगा।

बार्बलिन : यहूदी जाँच ?

फौजी : चलो यहाँ से।

बार्बलिन : यह सब क्या है ?

फौजी : आगे चलो। सभी को यहूदी जाँच के लिये जाना होगा। चलो आगे।

आन्द्री को ले जाया जाता है

फौजी (बार्बलिन से) : यहूदियों की रंडी।

मंच का अगला हिस्सा

डॉक्टर गवाह के कठघरे में आता है

डॉक्टर : मेरी कोशिश होगी कि मैं अपनी बात संक्षेप में ही कहूँ। हालाँकि आजकल ऐसी तमाम तरह की बातें कही जा रही हैं जिन्हें ठीक किया जाना जरूरी है। बाद में यह जानना हमेशा ही आसान होता है कि किसे किस तरह बर्ताव करना था। जहाँ तक मेरा सवाल है, मुझे नहीं

मालूम कि क्योंकर मुझे किसी और तरह का बर्ताव करना था। मैंने किया ही क्या है ? कुछ भी तो नहीं। मैं वहाँ का स्वास्थ्य अधिकारी था जो कि मैं अब भी हूँ। मुझे नहीं याद पड़ता कि मैंने क्या कहा था, लेकिन जो भी था—वह मेरा तरीका था। एक अंडोरावासी वही कहता है जो वह सोचता है लेकिन मुझे अपनी बात संक्षेप में कहनी चाहिए... मैं मानता हूँ कि उस समय हम सबसे भूल हुई थी जिसका मुझे दुख ही हो सकता है। आखिर यह बात मुझे और कितनी बार कहनी पड़ेगी? मैं अत्याचार के हक में न हूँ न कभी रहा हूँ। जो भी है, मैंने उस नौजवान को दो-तीन बार ही देखा था। उसके साथ बाद में हुई मारपीट को मैंने नहीं देखा था। लेकिन फिर भी मैं इस सबकी निंदा करता हूँ। मैं यही कह सकता हूँ कि यह मेरा कुसूर नहीं था। हालाँकि उसका बर्ताव (सच को छिपाने का कोई कारण नहीं है) लगातार और भी (सच को ईमानदारी से कह ही देना चाहिए) यहूदी होता जा रहा था। यह भी संभव है कि वह नवयुवक भी उतना ही अंडोरा का नागरिक था जितना कि मैं या फिर कोई और। मैं बिना हिचक कह सकता हूँ कि हम लोग अपने समय के घटनाचक्र से प्रभावित थे। यह बात भुलाई नहीं जानी चाहिए कि वह बड़ा अस्थिर समय था। मैंने जाती तौर पर न तो किसी के प्रति अत्याचार में भाग लिया न ही किसी को इसके लिए उकसाया। मैं यह बात सार्वजनिक रूप से कह सकता हूँ कि निश्चित रूप से यह बड़ा दुखदायी मामला था। जो कुछ हुआ वह मेरा कुसूर नहीं था। अंत में मुझे लगता है कि मैं सभी की तरफ से यह बात दोहराते हुए कह सकता हूँ कि उस समय जो कुछ भी हुआ उसका हमें बहुत दुख है।

बारहवाँ दृश्य

अंडोरा का चौपाल। चौपाल को चारों तरफ से काली वर्दीवाले फौजियों ने घेर रखा है। अंडोरावासी झुंड में खड़े अगली घटना का इंतजार कर रहे हैं। काफी देर तक कुछ नहीं होता—सिर्फ कानाफूसी हो रही है

डॉक्टर : शांत हो जाइए, सभी लोग शांत हो जाइए। यहूदी जाँच के बाद सब कुछ पहले जैसा ही हो जाएगा। किसी भी अंडोरावासी को किसी भी बात से डरने की जरूरत नहीं है। सब कुछ लिखा हुआ है। मैं स्वास्थ्य अधिकारी ही रहूँगा, सराय का मालिक सराय का मालिक बना रहेगा...

ढोलों के बजने की आवाजें

कारीगर : अब वे काले कपड़े बाँट रहे हैं।

काले कपड़े बाँटे जाते हैं

डॉक्टर : बस, अब चाहे जो करो लेकिन विरोध मत करना।

बार्बलिन का प्रवेश। वह एक झुंड से दूसरे झुंड की तरफ चेहरे पर विक्षिप्त का सा भाव लिये जाती है। लोगों की बाँहें खींचती है। वे उसकी तरफ अपनी पीठ कर लेते हैं। वह कुछ फुसफुसाती है जो सुनाई नहीं पड़ रहा है

सराय मालिक : अब अचानक यह कहा जा रहा है कि वह यहूदी है ही नहीं।

अ. आदमी : क्या कहा ?

सराय मालिक : यही कि वह यहूदी नहीं है।

डॉक्टर : यह बात तो कोई एक नज़र में ही बता सकता है कि वह यहूदी है।

अ. आदमी : कौन कहता है कि यह यहूदी नहीं है ?

सराय मालिक : अध्यापक।

डॉक्टर : यह तो अभी पता चल ही जाएगा।

मालिक : जो भी है, उसने पत्थर तो मारा ही था।

अ. आदमी : क्या यह बात साबित हो गई है ?

सराय मालिक : साबित ?

डॉक्टर : अगर वह यहूदी नहीं है तो छिपा क्यों बैठा है ? वह क्यों डरता है ? वह हमारी ही तरह यहाँ चौपाल में क्यों नहीं आता?

सराय मालिक : सही बात है।

डॉक्टर : आखिर वह यहूदी कैसे नहीं है?

सराय मालिक : ठीक बात है।

अ. आदमी : कहते हैं कि उसकी तलाश सारी रात चलती रही।

डॉक्टर : उसे खोज लिया गया है।

अ. आदमी : मैं तो उसकी जगह पर अपनी कल्पना भी नहीं करना चाहता।

सराय मालिक : खैर, उसने पत्थर तो फेंका ही है।

काली वर्दीवाले एक फौजी को अपनी ओर बढ़ता देखकर चुप हो जाते हैं। उन्हें उससे एक-एक काला कपड़ा लेना है। फौजी आगे बढ़ता जाता है

डॉक्टर : देखो किस तरह ये लोग बिना आवाज ऊँची किये कैसे कपड़े बाँट रहे हैं। इसे कहते हैं अनुशासन और व्यवस्था। जरा देखो। इस तरह होता है काम।

अ. आदमी : इन कपड़ों से बदबू आ रही है।

वे अपना-अपना कपड़ा सूँघते हैं।

: भय का पसीना....

बार्बलिन डॉक्टर और सराय के मालिकवाले झुंड की तरफ आती है। उनके बाजू खींचते हुए कुछ फुसफुसाती है वे अपनी पीठ मोड़ लेते हैं। वह आगे बढ़ जाती है

अ. आदमी : क्या कह रही थी वह ?

डॉक्टर : बकवास कर रही है।

सराय मालिक: उसे इसका फल भुगतना ही होगा।

डॉक्टर : अब विरोध कतई नहीं करना—बाकी चाहे जो करना।

बार्बलिन एक और झुंड की तरफ जाती है, बाजू खींचती और फुसफुसाती है, वे पीठ मोड़ लेते हैं, वह आगे बढ़ जाती है

सराय मालिक: तुम पत्थर मारनेवाली बात को साबित करने की बात कर रहे हो—जबकि मैंने सब कुछ खुद अपनी आँखों से देखा है। यहाँ, इसी जगह। भला और कौन पत्थर फेंक सकता था ?

अ. आदमी : मैंने तो सिर्फ पूछा था।

सराय मालिक: शायद हममें से किसी ने?

अ. आदमी : मैं तो उस समय यहाँ था ही नहीं।

सराय मालिक: लेकिन मैं था!

डॉक्टर अपने होठों पर उँगली लगाता है

सराय मालिक: तो तुम्हें क्या लगता है कि मैंने पत्थर फेंका है ?

डॉक्टर : चुप !

सराय मालिक: मैं ?

डॉक्टर : हमें इस समय बात करने की इजाजत नहीं है।

सराय मालिक: यहाँ, इसी जगह वह पत्थर पड़ा था। मैंने खुद देखा था। वह पन-पत्थर था। उसने उसे ही उठाया—

सराय का मालिक एक पन-पत्थर उठाता है

: ऐसे उठाया था उसने पत्थर...

बढ़ई भी उनके बीच आ जाता है

बढ़ई : क्या हो रहा है ?

डॉक्टर : शांत रहो, शांत रहो।

बढ़ई : ये काले कपड़े किसलिए हैं ?

डॉक्टर : यहूदी-जाँच चल रही है।

बढ़ई : हमें इन कपड़ों का क्या करना है ?

काली वर्दीवाले फौजी, जिन्होंने चौपाल को घेर रखा है, अचानक सलामी देते हैं। काला नाटा, मोटा, तोंद वाला, गैर फौजी कपड़े पहने एक आदमी तेज और छोटे-छोटे कदमों से चौपाल पर एक तरफ से दूसरी तरफ चल रहा है।

डॉक्टर : यही है वह।

बढ़ई : कौन ?

डॉक्टर : यहूदियों को पहचाननेवाला।

फौजी अपने हथियारों को पैरों के पास पहले-सी स्थिति में खड़ा कर लेते हैं

सराय मालिक: और अगर कहीं उससे भूल हो जाए तो ?

डॉक्टर : उससे कभी भूल नहीं होती।

सराय मालिक: उसके बाद क्या होगा ?

डॉक्टर : भला वह गलती कैसे कर सकता है ?

सराय मालिक: लेकिन मान लो गलती हो जाए तो ?

डॉक्टर : वह पहचानने में बहुत तेज है। तुम उसका भरोसा कर सकते हो। वह यहूदियों को सूँघकर पहचान सकता है। उनकी चाल पहचान सकता है। अगर कोई चौपाल से जा रहा हो तो वह उसके पैर भर देखकर बता सकता है कि वह यहूदी है या नहीं।

अ. आदमी : तो क्या इसीलिए हम लोगों को जूते उतारने के लिए

कहा गया है ?

डॉक्टर : उसे यहूदी पहचानने की ट्रेनिंग मिली है।

बार्बलिन उन लोगों की तलाश में फिर से आती है जिनके पास वह अब तक नहीं गई है। उसे कारीगर मिलता है जिसे वह बाजू से पकड़कर फुसफुसाती है। कारीगर छिटककर उससे दूर हो जाता है

कारीगर : मुझे अकेला छोड़ दो।

डॉक्टर सिगार जलाता है

: यह पागल हो गई है। कह रही है कि कोई भी चौपाल पर चलकर न दिखाए। वह चाहती है कि हम उन्हें सभी लोगों को ले जाने के लिए मजबूर करें। यह पागल हो गई है।

काली वर्दीवाला एक फौजी डॉक्टर को सिगार पीते देख लेता है और उसकी तरफ संगीन तानकर बढ़ता है। डॉक्टर डर जाता है और सिगार को सड़क पर फेंक कर पैर से मसल देता है। उसका रंग पीला पड़ जाता है

कारीगर : कहते हैं कि उसे ढूँढ लिया गया है...

ढोल बजने लगते हैं

: अब जाँच शुरू होगी।

वे अपने सिर कपड़ों से ढँक लेते हैं

सराय मालिक: मैं अपना सिर नहीं ढकूँगा।

अ. आदमी : क्यों नहीं ?

सराय मालिक: मैं ऐसा नहीं करूँगा।

कारीगर : हुक्म, सिर्फ हुक्म होता है।

सराय मालिक: आखिर इसका फायदा क्या है ?

डॉक्टर : ऐसा उन लोगों को करना पड़ता है जिनके बीच कोई यहूदी पनाह लेता है। काश हमने पहले ही उसे उनके हवाले कर दिया होता।

मूर्ख आता है

सराय मालिक : भला इसे कपड़ा क्यों नहीं दिया गया ?

अ. आदमी : उन्हें यकीन है कि यह यहूदी नहीं है।

मूर्ख हँसकर सिर हिलाता आगे चला जाता है। जाते हुए वह चेहरे पर नकाब पहने लोगों को देखता और हँसता जाता है। सिर्फ सराय का मालिक ही बिना नकाब खड़ा है

सराय मालिक : मैं यह कपड़ा अपने सिर पर नहीं पहनूँगा!

नकाबवाला : फिर तो यह मार खाएगा।

सराय मालिक : मैं ?

नकाबवाला : इसने पीला पोस्टर नहीं पढ़ा है।

सराय मालिक : मार खाने का भला क्या मतलब है ?

ढोलों के बजने की आवाजें

नकाबवाला : अब सब कुछ शुरू होगा।

नकाबवाला : शांत रहो, शांत रहो।

फिर से ढोल बजते हैं—

सराय मालिक : मैं तो सरायवाला हूँ। तुम लोग विश्वास क्यों नहीं करते? बच्चा-बच्चा जानता है कि मैं सरायवाला हूँ। आप सबका सरायवाला...

नकाबवाला : यह तो डर गया है।

सराय मालिक : तो क्या तुम लोग मुझे नहीं पहचानते ?

नकाबवाला : यह तो बहुत डर गया है।

कुछ नकाबपोश हँसते हैं

सराय मालिक : मैं अपना सिर कपड़े से नहीं ढकूँगा...।

नकाबधारी : इसे तो मार पड़ेगी।

सराय मालिक : मैं यहूदी नहीं हूँ।

नकाबधारी : इसको किसी कैंप में रखा जाएगा।

सराय मालिक : मैं यहूदी नहीं हूँ।

नकाबधारी : इसने पीला पोस्टर नहीं पढ़ा है।

सराय मालिक : सुना तुमने ? मैं सरायवाला हूँ। सरायवाला। तुम कौन हो ? तुम मेरे साथ ऐसा नहीं कर सकते। मैं सरायवाला हूँ—तुम्हारा सरायवाला। तुम मुझे पहचान तो रहे हो न? तुम मुझे इस तरह नहीं छोड़ सकते। **अध्यापक को देखकर**—अरे तुम मास्टरजी, जरा बताओ मैं कौन हूँ ?

अध्यापक अपनी पत्नी के साथ प्रवेश करता है—बिना नकाब पहने

अध्यापक : तो तुमने पत्थर फेंका था, क्यों ?

सराय के मालिक के हाथ से पन-पत्थर छूटकर नीचे गिर जाता है

: तो फिर तुम यह क्यों कह रहे हो कि पत्थर मेरे बेटे ने फेंका था।

सराय का मालिक नकाब पहन लेता है और दूसरे नकाबधारियों में मिल जाता है

: अब ठीक है, कपड़े के पीछे ही छिपे रहो।

एक सीटी बजती है

नकाबधारी : इसका क्या मतलब है?

नकाबधारी : जूते उतारो।

नकाबधारी : कौन उतारे ?

नकाबधारी : सब लोग।

नकाबधारी : अभी ?

नकाबधारी : जूते उतारो, जूते।

नकाबधारी : क्यों ?

नकाबधारी : लो, इसने पीला पोस्टर नहीं पढ़ा...

सभी नकाबधारी जूते उतारने के लिए झुक जाते हैं। चुप्पी छा जाती है। कुछ समय बीतता है

अध्यापक : देखो, सबके सब कैसे आज्ञा पालन में लग गये हैं।

एक काली वर्दीवाला सिपाही आता है। अध्यापक और उसकी पत्नी को भी एक-एक काला कपड़ा

लेना पड़ता है

नकाबधारी : एक सीटी का मतलब है जूते उतारो—पोस्टर के मुताबिक—दो सीटियों का मतलब परेड करो।

नकाबधारी : नंगे पैर ?

नकाबधारी : क्या कहा इसने ?

नकाबधारी : जूते उतारो, जूते।

नकाबधारी : यह सब पोस्टर में लिखा है।

नकाबधारी : और तीन सीटियों का मतलब है : नकाब हटाओ।

नकाबधारी : नकाब क्यों हटाओ?

नकाबधारी : पोस्टर में लिखा है।

नकाबधारी : क्या कहा ?

नकाबधारी : पोस्टर में लिखा है।

नकाबधारी : दो सीटियों का क्या मतलब है ?

नकाबधारी : परेड करो।

नकाबधारी : लेकिन नंगे पैर क्यों ?

नकाबधारी : और तीन सीटियों का मतलब—नकाब हटाओ।

नकाबधारी : हमें अपने जूते कहाँ रखने हैं ?

नकाबधारी : नकाब क्यों हटाना है ?

नकाबधारी : जूते कहाँ रखने हैं ?

नकाबधारी : कपड़ा हटाने का मतलब है कि वही यहूदी है।

नकाबधारी : यह सब पोस्टर में लिखा है।

नकाबधारी : किसी अंडोरावासी को डरने की जरूरत नहीं है।

नकाबधारी : यह क्या कह रहा है ?

नकाबधारी : किसी अंडोरावासी को डरने की जरूरत नहीं है।

नकाबधारी : हमें अपने जूते कहाँ रखने हैं ?

अध्यापक बिना नकाब पहने नकाबधारियों के बीच से गुजरता है। वह अकेला आदमी है जो खड़ा है

अध्यापक : आन्द्री मेरा बेटा है।

नकाबधारी : यह हमारी गलती थोड़े ही है।

अध्यापक : तुमने सुना मैंने क्या कहा ?

नकाबधारी : इसने क्या कहा ?

नकाबधारी : कहता है कि आन्द्री इसका बेटा है।

नकाबधारी : तो फिर वह छिपा क्यों है ?

अध्यापक : मैं कहता हूँ आन्द्री मेरा बेटा है।

नकाबधारी : जो भी है—उसने पत्थर मारा है।

अध्यापक : तुममें से कौन यह बात कहता है।

नकाबधारी : हमें अपने जूते कहाँ रखने हैं ?

अध्यापक : झूठ क्यों बोलते हो ? तुम्हीं में से एक ने ऐसा किया है। तो फिर मेरे बेटे को क्यों फँसा रहे हो ?

ढोलों के बजने की आवाजें

: तुममें से कौन खूनी है, इस बात की जाँच नहीं की जा रही है ! ढँक दो कपड़े से ! तुम सच जानना ही नहीं चाहते। ढक लो इसे कपड़े से ! आगे आनेवाले वक्त में भी तुम्हारी आवभगत हत्यारे हाथ ही कर रहे होंगे। लेकिन फर्क भी क्या पड़ता है जब तक कि सराय का मालिक सराय का मालिक बना रहे और डॉक्टर स्वास्थ्य अधिकारी बना रहे। जरा देखो उन्हें! कैसे वे अपने जूते एक लाइन में लगा रहे हैं—ठीक जैसे पोस्टर में लिखा है। और उनमें से एक हत्यारा है। ढँक दो इस बात को एक कपड़े से। वे सिर्फ उसी आदमी से नफरत करते हैं जो उन्हें इस सबकी याद दिलाता है—

ढोलों के बजने की आवाजें

: तुम सब कैसी जनता हो! हे भगवान। लेकिन तुम्हारे लिए अच्छा है कि भगवान तो तुम लोगों के लिए कहीं है ही नहीं। कैसी जनता हो तुम सब!

ढोल लिये हुए फौजी आता है

फौजी : तैयार ? सब लोग जूते उतारो ! सलीके से। जैसे फौज में होता है। समझे ? जूते से जूता सटाकर रखो ! ठीक।

शांति और व्यवस्था की जिम्मेदारी फौज पर है।

: मैंने कहा—जूते से जूता सटाकर रहे। भला इस सबसे कैसा असर पड़ेगा ? कोई पलटकर जवाब नहीं देगा।

फौजी जूतों की पंक्ति को गौर से जाँचता है

: ए, तुम्हारे जूते!

नकाबधारी : मैं सराय का मालिक हूँ।

फौजी : जूते बहुत पीछे हैं।

नकाबधारी अपने जूतों को ठीक से रखता है

: ठीक है। मैं फिर से आदेश पढ़कर सुनाता हूँ।

चुप्पी छा जाती है

: "अंडोरा के निवासियो ! यहूदी जाँच स्वतंत्र क्षेत्रों में जनता के बचाव के लिए उठाया गया कदम है ताकि शांति और व्यवस्था बनी रहे। किसी भी नागरिक को डरने की जरूरत नहीं है। जाँच प्रक्रिया के लिए पीला पोस्टर पढ़ें।" शांति ! "अंडोरा, 15 सितंबर, कमांडर-इन-चीफ।" अरे, तुम्हारे सिर पर अब तक नकाब क्यों नहीं है ?

अध्यापक : मेरा बेटा कहाँ है ?

फौजी : कौन ?

अध्यापक : आन्द्री कहाँ है ?

फौजी : यहीं है। चिंता की कोई बात नहीं है। वह हमसे बच नहीं पाया है। वह भी परेड करेगा। नंगे पैर—सबकी तरह।

अध्यापक : तुमने सुना, मैंने क्या कहा ?

फौजी : आगेवाले आदमी की तरफ बढ़ो !

अध्यापक : आन्द्री मेरा बेटा है।

फौजी : जल्दी ही पता चल जाएगा।

ढोलों की आवाजें

: लाइन लगाओ !

सभी नकाबधारी लोग लाइन में खड़े हो जाते हैं

: हाँ तो अंडोरावासियो, समझ लो, यहूदी जाँच करनेवाले के आने के बाद कोई एक शब्द भी नहीं बोलेगा। ठीक है ? सब कुछ ठीक ढंग से हो—यह जरूरी है। जाँच अधिकारी के सीटी बजाने पर तुरंत रुक जाना, समझे? तुम लोगों को 'अटेंशन' में खड़े होने की जरूरत नहीं है। सिर्फ फौजवाले ही 'अटेंशन' की हालत में आते हैं क्योंकि उन्हें इसका अभ्यास होता है। जो भी यहूदी नहीं पाया जाएगा, वह जाने के लिए आजाद होगा। वापस सीधे काम पर ही जाना है। मैं ढोल बजाऊँगा।

फौजी ढोल बजाता है

: एक के पीछे एक को चलना है। जाँच अधिकारी के सीटी बजाने पर जो नहीं रुकेगा उसे तुरंत गोली मार दी जाएगी। समझे !

अध्यापक : ऐसे समय में यहाँ पादरी क्यों नहीं है ?

फौजी : वे यहूदियों के लिए प्रार्थना कर रहे हैं !

अध्यापक : पादरी सच जानते हैं।

यहूदी जाँच अधिकारी का प्रवेश

फौजी : शांत !

काली वर्दीवाले फौजी सलामी देते हैं और तनकर खड़े हो जाते हैं। जाँच अधिकारी किसी आम सरकारी अधिकारी जैसा बर्ताव कर रहा है। चौपाल के बीचोंबीच पड़ी एक कुर्सी पर बैठने के बाद सभी फौजी 'विश्राम' की अवस्था में आ जाते हैं। जाँच अधिकारी अपना चश्मा उतारता है, पोंछता है, फिर से लगा लेता है। अब अध्यापक और उसकी पत्नी ने भी नकाब पहन ली है। घंटी बज रही है। जाँच अधिकारी घंटी के बंद होने का इंतजार करता है, फिर एक इशारा करता है। दो बार सीटी बजाई जाती

है

फौजी : पहला आदमी।

कोई आगे नहीं बढ़ता

: चलो आगे बढ़ो।

मूर्ख सबसे पहले आगे बढ़ता है

: तुम नहीं।

सभी तनाव भरी हँसी हँसते हैं

: शांत !

ढोल बजता है

: क्या बात है ? तुम्हें सिर्फ चौपाल पर चलना भर है जैसे कि हमेशा चलते हो।

कोई आगे नहीं बढ़ता है

: किसी भी अंडोरावासी को डरने की कोई जरूरत नहीं है...

बार्बलिन नकाब पहने आगे आती है

: इस तरफ।

बार्बलिन जाँच अधिकारी के सामने जाती है और नकाब उसके पैरों पर फेंक देती है

: ऐ, यह सब क्या है ?

बार्बलिन : यह इशारा है।

नकाबधारियों के बीच हलचल होती है

: कह दो इससे, कोई अंडोरावासी चौपाल पर नहीं चलेगा! हममें से एक भी नहीं! हमें पीटते हैं तो पीटने दो! मारते हैं तो मारने दो गोली!

दो काली वर्दीवाले फौजी बार्बलिन को पकड़ लेते हैं। वह असफल संघर्ष करती है। सभी फौजी फायरिंग के लिए तैयार हो गए हैं। कोई नकाब-धारी हरकत नहीं करता। बार्बलिन को घसीटकर वहाँ से ले जाया जाता है। यह सब होते हुए कोई

आवाज नहीं होती

फौजी : ...ठीक है, अब काम शुरू करते हैं। एक के बाद एक। अब क्या तुम्हें मार लगानी पड़ेगी ? चलो, चलते रहो—एक के बाद एक।

सभी चलने लगते हैं

: धीरे-धीरे। अगला।

जो लोग अधिकारी से आगे बढ़ जाते हैं वे अपना नकाब हटाते जाते हैं

: कपड़ा तह करना है—लेकिन सलीके से। राष्ट्र का चिह्न दाहिनी तरफ ऊपर की ओर रहना चाहिए। वरना हमारे बीच के विदेशी हमारे बारे में क्या सोचेंगे ?

लोग बहुत धीरे-धीरे चल रहे हैं

: जल्दी करो। चला नहीं जा रहा है क्या ?

जाँच अधिकारी गौर से उनकी चाल देख रहा है—अतिविश्वास से पैदा उकताहट के साथ। एक नकाबधारी आकृति पन-पत्थर से ठोकर खाकर गिरती है

: लो, जरा इसे देखो।

नकाबधारी : मेरा नाम प्राडर है।

फौजी : चलते चलो।

नकाबधारी : मुझे अड़ंगी किसने लगाई ?

फौजी : किसी ने नहीं।

बढ़ई अपना नकाब हटाता है

: बढ़ते चलो, मैंने कहा आगे बढ़ो। जो लोग आगे बढ़ते जा रहे हैं वे अपने जूते भी लेते जाएँ। अब क्या मुझे तुम्हें फिर से सब कुछ ऐसे बताना पड़ेगा जैसे यह कोई छोटे-छोटे बच्चों का स्कूल हो ?

बढ़ई : मुझे किसी ने गिराया है।

फौजी : शांत।

एक नकाबधारी आकृति गलत दिशा में जा रही है

: तुम लोग तो चूजों के झुंड की तरह हो।

आगे बढ़ चुके लोगों में से कुछ हँसते हैं

नकाबधारी : मैं स्वास्थ्य अधिकारी हूँ।

फौजी : ठीक है, ठीक है !

डॉक्टर नकाब उतारता है

फौजी : अपने जूते ले लो।

डॉक्टर : नकाब लगाकर तो मैं देख नहीं पाता हूँ। मुझे इसकी आदत नहीं है। जब मुझे जमीन नहीं दिखाई देगी तो मैं चलूँगा भला कैसे ?

फौजी : चलते चलो, आगे बढ़ो।

डॉक्टर : यह तो बड़ी बेलिहाजी है।

ढोल बजने लगता है

: अरे, घर जाकर जूते नहीं पहन सकते क्या ? कह तो दिया कि जो आगे बढ़ जाए वह जूते लेकर भाग जाए। खड़े-खड़े मुँह क्या देख रहे हो ?

ढोल बजने लगता है

: अगला।

डॉक्टर : मेरे जूते कहाँ हैं ? कोई मेरे जूते ले गया। ये जूते मेरे नहीं हैं।

फौजी : तो तुमने ये जूते उठाये ही क्यों ?

डॉक्टर : क्योंकि ये मेरे जूतों की जगह पर रखे थे।

फौजी : तुम लोग स्कूली बच्चों की फौज की तरह हो।

डॉक्टर : तो क्या ये मेरे जूते हैं ?

ढोल बजने लगता है

: मैं अपने जूतों के बगैर नहीं जाऊँगा।

फौजी : अब झमेला मत खड़ा करो।

डॉक्टर : मैं नंगे पैर नहीं जाऊँगा। मुझे इसकी आदत नहीं है। और हाँ, मुझसे ठीक से बात करो। ये मुझसे बात करने

का तरीका नहीं है।

फौजी : आखिर तुम्हें क्या परेशानी है ?

डॉक्टर : मैं कोई झमेला नहीं खड़ा कर रहा हूँ।

फौजी : तो आखिर क्या चाहते हो तुम ?

डॉक्टर : अपने जूते।

जाँच अधिकारी इशारा करता है। एक सीटी बजाई जाती है

फौजी : मैं इस वक्त ड्यूटी पर हूँ!

ढोल बजने लगता है

: अगला।

कोई नहीं हिलता

डॉक्टर : ये मेरे जूते नहीं हैं !

फौजी डॉक्टर के हाथ से जूते ले लेता है

डॉक्टर : मैं इस बात की शिकायत करूँगा कि मेरे जूते उठा लिये गये हैं। किसी ने मेरे जूते लिये हैं। मैं यहाँ से एक कदम भी नहीं हटूँगा और कोई मुझ पर चिल्लाया तब तो बिल्कुल भी नहीं।

फौजी : ये जूते किसके हैं ?

डॉक्टर : मेरा नाम फेरर है—

फौजी : ये जूते किसके हैं ?

वह उन्हें रोशनी में रख देता है

: हम इसका पता लगाएँगे।

डॉक्टर : मैं अच्छी तरह से जानता हूँ कि ये जूते किसके हैं।

फौजी : आगे बढ़ो।

ढोल बजता है

: अगला आदमी बढ़े।

कोई भी नहीं हिलता

डॉक्टर : ये रहे।

कोई भी नहीं हिलता

फौजी : अब फिर से किसे डर लगने लगा ?

फिर से लोग एक के बाद एक चलने लगते हैं। सब कुछ इतना शांत है कि लोगों को उकताहट हो रही है। जाँच अधिकारी के आगे से गुजरकर अपनी नकाब उतारनेवालों में कारीगर भी है

कारीगर : राष्ट्रीय चिह्न के बारे में क्या कहा था ?

एक आदमी : दाहिनी तरफ के ऊपरवाले कोने पर होना चाहिए।

कारीगर : क्या जाँच का काम पूरा हो गया है ?

जाँच अधिकारी इशारा करता है। तीन बार सीटी बजाई जाती है

फौजी : ठहरो।

नकाबधारी आकृति रुक जाती है

: नकाब उतार !

नकाबधारी आकृति बेहरकत खड़ी रहती है

: अपना नकाब उतार। यहूदी कहीं के, सुन नहीं रहा है!

फौजी आगे बढ़कर नकाब खींच लेता है। यह बुरी तरह डरा हुआ अनजान आदमी है

: यह यहूदी नहीं है। यह तो सिर्फ डरा हुआ होने के कारण वैसा लग रहा है। यह वह नहीं है। डरने की कोई बात नहीं है, भाई। जब यह खुश होता है तो बिल्कुल अलग दिखता है...

जाँच अधिकारी खड़ा हो गया है। वह अनजान आदमी के चारों तरफ घूमते हुए देर तक किसी सरकारी अधिकारी की तरह उसका मुआयना करता है। अनजान आदमी के चेहरे का भाव क्रमशः सामान्य होने लगता है। अधिकारी अपना बॉल पैन उसकी ठुड्डी के नीचे लगाता है

: अपना सिर ऊपर रखो। यहूदियों की तरह सिर नीचा करके जमीन मत ताड़ो।

जाँच अधिकारी उसके पैरों का भी मुआयना करता है फिर आँख का इशारा करता है

: ठीक है, अब भागो यहाँ से।

डॉक्टर : अधिकारी गलती कभी नहीं करता। मैंने तो पहले ही कहा था। उसे इसी बात की तो ट्रेनिंग मिली है...

ढोल बजने लगता है

फौजी : अगला आदमी।

लोगों की लाइन फिर से आगे चल देती है

: क्या बेहूदा बर्ताव है यह। अरे भाई, पसीना आ रहा है तो क्या अपना रूमाल नहीं इस्तेमाल कर सकते ?

एक नकाबधारी आकृति पन-पत्थर को उठाती है

: तुम यह क्या कर रहे हो ?

नकाबधारी : मैं सराय का मालिक हूँ।

फौजी : तो इस पत्थर के साथ क्या कर रहे हो ?

नकाबधारी : मैं सराय का...मैं, मैं...

वह नकाब लगाये रखता है

फौजी : इस बात से आपका पेशाब क्यों निकला जा रहा है ?

लोग इस बेवकूफाना लेकिन पसंद किये जानेवाले आदमी पर हँसने लगते हैं। तनाव से इस हँसी के बीच अधिकारी के इशारे पर अचानक तीन बार सीटी बजती है

फौजी : ठहरो।

अध्यापक अपना नकाब हटाता है

: आप नहीं, दूसरा—वह वहाँ।

दूसरा नकाबधारी हिलता नहीं है

: अपना नकाब हटाओ।

जाँच अधिकारी खड़ा हो जाता है

डॉक्टर : उसे बड़ी परख है। मैंने कहा था न ? वह तो चाल से ही परख लेता है...

फौजी : तीन कदम आगे बढ़ो।

डॉक्टर : पकड़ा गया यहूदी!

फौजी : तीन कदम पीछे!

नकाबधारी आकृति आज्ञा पालन करती है

: हँसो।

डॉक्टर : वह तो हँसी से भी पहचान लेता है...

फौजी : हँसो, वरना गोली मार दी जाएगी।

नकाबधारी आकृति हँसने की कोशिश करती है

: और जोर से।

नकाबधारी आकृति हँसने की कोशिश करती है

डॉक्टर : यह तो यहूदी हँसी है...

फौजी नकाबधारी आकृति को एक तरफ धकेलता है

फौजी : अपना नकाब हटा, यहूदी। अब तेरी कोई मदद नहीं कर सकता। हटा अपनी नकाब। दिखा अपना चेहरा नहीं तो गोली मार दी जाएगी।

अध्यापक : आन्द्री।

फौजी : मैं तीन तक गिनूँगा।

नकाबधारी आकृति बेहरकत खड़ी रहती है

: एक

अध्यापक : नहीं।

फौजी : दो।

अध्यापक आकृति की नकाब खींच लेता है

: तीन...

अध्यापक : मेरा बेटा!

जाँच अधिकारी आन्द्री के चारों तरफ घूमते हुए मुआयना करता है

: यह मेरा बेटा है!

जाँच अधिकारी आन्द्री के पैरों की जाँच करता है

फिर एक इशारा करता है—पहले की तरह लापरवाही से लेकिन भिन्न किस्म का इशारा। दो काली वर्दी वाले फौजी आन्द्री को पकड़ लेते हैं

बढ़ई : चलो अब हम लोग चलते हैं।

माँ आगे बढ़कर अपना नकाब उतारती है

फौजी : अब तुम्हारे साथ क्या मुश्किल है ?

माँ : मुझे सच बताना होगा।

फौजी : क्या आन्द्री तुम्हारा बेटा है ?

माँ : नहीं।

फौजी : सुना तुमने। सुना तुम लोगों ने।

माँ : लेकिन वह मेरे पति का बेटा है।

सराय मालिक: उसे यह बात साबित करनी चाहिए।

माँ : यह बात सही है। दूसरी बात यह कि पत्थर आन्द्री ने नहीं मारा। जब यह सब हुआ उस समय तो वह घर पर था। मैं खुद भी घर पर ही थी। मैं भगवान की सौगंध खाती हूँ। वही सर्वशक्तिमान भगवान, जो हमारा सबसे बड़ा न्यायाधीश है।

सराय मालिक: झूठ बोल रही है यह।

माँ : यही सच है। उसे छोड़ दो।

जाँच अधिकारी फिर से खड़ा हो जाता है

फौजी : शांत।

जाँच अधिकारी आन्द्री के पास जाकर फिर से मुआयना करता है। वह आन्द्री की पैंट की जेबें उलटता है, सिक्के नीचे गिरते हैं। अंडोरावासी उन सिक्कों से ऐसे पीछे हटते हैं जैसे ज्वालामुखी का लावा चला आ रहा हो। फौजी हँसता है

: यहूदी पैसा।

डॉक्टर : वह कभी गलती नहीं करता।

अध्यापक : क्या मतलब है तुम्हारा यहूदी पैसे से ? यह वही पैसा

है जो तुम्हारा है—मेरा है। आखिर तुम्हारी जेबों में कौन-सा पैसा है ?

जाँच अधिकारी आन्द्री के बालों की जाँच करता है

: आन्द्री ! तुम कुछ क्यों नहीं बोलते हो ?

आन्द्री मुस्कराने लगता है

अध्यापक : वह मेरा बेटा है। उसे मरना नहीं चाहिए। मेरा बेटा !

जाँच अधिकारी जाता है। काली वर्दीवाले फौजी सलामी देते हैं। फौजी पाइडर नियंत्रण सँभाल लेता है

फौजी : तुझे यह अँगूठी कहाँ से मिली ?

बढ़ई : इसके पास तो कीमती चीजें भी हैं।

फौजी : इसे मुझे दे।

आन्द्री : नहीं—दया करो...

फौजी : वरना तेरी उँगली उड़ा दी जाएगी।

आन्द्री : नहीं।

आन्द्री बचाव में संघर्ष करता है

बढ़ई : देखो तो, वह अपनी चीजों के लिए कैसे लड़ता है।

डॉक्टर : अब चला जाए...

आन्द्री को काली वर्दी के फौजियों ने घेर लिया है। वह दिखाई नहीं दे रहा है। ऐसे में उसकी जोरों से चीख सुनाई देती है। फिर चुप्पी फैल जाती है। आन्द्री को ले जाया जाता है

अध्यापक : सब कुछ हो गया। अब अपने-अपने घर जाओ। न तो तुमने कुछ देखा है, न तुम कुछ जानते हो। अपने घरों में जाकर अपने को आईने में देखो और अपने से घृणा करो।

अंडोरावासी हर तरफ जाते हुए अपने-अपने जूते लेकर गायब हो जाते हैं

फौजी : उसे तो अब जूतों की जरूरत रही नहीं।

फौजी भी चला जाता है

अ. आदमी : बेचारा यहूदी।

सराय मालिक : हम कर ही क्या सकते थे।

: अनजान आदमी जाता है। बाकी लोग सराय की तरफ जाते हैं।

बढ़ई : फिलहाल मेरा काम ब्रांडी से चल सकता है। वैसे वह उँगली काटनेवाली बात जरा कुछ ज्यादा ही हो गई थी...

डॉक्टर : मेरा भी काम ब्रांडी से ही चल जाएगा।

बढ़ई : उसके जूते अभी भी यहीं हैं।

डॉक्टर : चलो सराय के अंदर चलते हैं।

बढ़ई : वह उँगली काटनेवाली बात जरा कुछ ज्यादा ही थी...

बढ़ई, डॉक्टर और सराय का मालिक सराय के भीतर चले जाते हैं। मंच पर अँधेरा छा जाता है। जूक बॉक्स में वही पुराना रिकॉर्ड बजने लगता है। मंच पर रोशनी होने पर बार्बलिन घुटनों के बल बैठी चौपाल पर सफेदी कर रही है। उसे गंजा कर दिया गया है। पादरी आता है। संगीत बंद हो जाता है

बार्बलिन : मैं सफेदी कर रही हूँ—सफेदी...।

पादरी : बार्बलिन।

बार्बलिन : भला क्यों मुझे अपने पिताओं के घर पर सफेदी नहीं करनी चाहिए ?

पादरी : तुम बेतुकी बातें कर रही हो।

बार्बलिन : मैं सफेदी कर रही हूँ—।

पादरी : यह घर तुम्हारे पिता का नहीं है, बार्बलिन।

बार्बलिन : मैं सफेदी कर रही हूँ

पादरी : इसका कोई मतलब नहीं है।

बार्बलिन : इसका कोई मतलब नहीं है।

सराय का मालिक आता है

सराय मालिक: यह क्या कर रही है ?

बार्बलिन : वहाँ, वे उसके जूते हैं।

मालिक जूते उठाने को बढ़ता है

बार्बलिन : हाथ मत लगाओ उन्हें।

पादरी : यह तो पागल हो गई है।

बार्बलिन : मैं तो सफेदी कर रही हूँ—सफेदी। और तुम लोग क्या कर रहे हो ? अगर तुम वह नहीं देख सकते जो मैं देखती हूँ तो तुम यह देखो कि मैं सफेदी कर रही हूँ।

सराय मालिक: बंद करो यह सब।

बार्बलिन : खून, खून, हर तरफ खून।

सराय मालिक: ये मेरी सराय की मेजें हैं!

बार्बलिन : मेरी मेजें, तुम्हारी मेजें, हमारी मेजें।

सराय मालिक: इसे यह सब नहीं करना चाहिए !

बार्बलिन : कौन हो तुम ?

पादरी : मैंने सब कोशिशें कर डाली हैं।

बार्बलिन : मैं सफेदी कर रही हूँ—ताकि हमारा अंडोरा सफेद हो जाए, हत्यारों। बर्फ-सा सफेद अंडोरा। मैं तुम पर भी सफेदी कर दूँगी। तुम सब पर।

फौजी आता है

: इससे कहो, यहाँ से चला जाए, फादर। वह मुझ पर आँख लगाए है जबकि मेरी तो सगाई हो चुकी है।

फौजी : मुझे प्यास लगी है।

बार्बलिन : यह मुझे बिल्कुल नहीं जानता।

फौजी : कौन है यह ?

बार्बलिन : यहूदियों की रंडी, बार्बलिन।

फौजी : भाग जा यहाँ से।

बार्बलिन : तू कौन है ?

बार्बलिन हँसती है

: तेरा ढोल कहाँ गया ?

फौजी : हँसना बंद कर।

बार्बलिन : कहाँ ले गया है तू मेरे भाई को ?

बढ़ई कारीगर के साथ आता है

: कहाँ से आये हो तुम सब ? तुम अपने-अपने घर क्यों नहीं जाते ? जाकर खुद को फाँसी क्यों नहीं लगा लेते ?

बढ़ई : क्या कहा इसने ?

बार्बलिन : और इसे भी साथ ले जाना।

सराय मालिक : इसका तो दिमाग फिर गया है।

फौजी : इसको भी ठिकाने लगा देना चाहिए।

बार्बलिन : मैं सफेदी कर रही हूँ।

बढ़ई : इसका क्या मतलब है ?

डॉक्टर आता है

बार्बलिन : आपने कोई उँगली देखी है ?

डॉक्टर स्तब्ध खड़ा है

फौजी : अब बहुत हुआ।

पादरी : उसे अकेला छोड़ दो।

सराय मालिक : यह तो लोगों का सिरदर्द बन गई है।

बढ़ई : उसे चाहिए कि वह हमें अकेला छोड़ दे।

सराय मालिक : हम कर भी क्या सकते हैं ?

कारीगर : मैंने तो उसे पहले ही चेतावनी दे दी थी।

डॉक्टर : उसके लिए सही जगह पागलखाना ही है।

बार्बलिन एकटक देखती है

पादरी : उसके पिता ने स्कूल के एक कमरे में फाँसी लगाकर आत्महत्या कर ली है। वह अपने पिता को खोज रही है। अपने बाल खोज रही है। अपने भाई को खोज रही है।

पादरी और बार्बलिन के अलावा सभी सराय के

भीतर चले जाते हैं

: बार्बलिन, जानती हो तुमसे कौन बातें कर रहा है ?

बार्बलिन सफेदी करती रहती है

: मैं तुम्हें घर ले जाने आया हूँ।

बार्बलिन : मैं सफेदी कर रही हूँ।

पादरी : मैं पादरी बेनेडिक्ट हूँ।

बार्बलिन : तुम तब कहाँ थे फादर बेनेडिक्ट, जब वे हमारे भाई को पकड़कर ले गये थे—ऐसे जैसे कोई किसी जानवर को कसाई के पास ले जाता हो। हाँ, जैसे किसी कसाई के पास ले जाता हो। कहाँ थे तुम ? अब तुम पर कालिख लग गई है, फादर बेनेडिक्ट...

पादरी कुछ नहीं बोलता

: पिताजी मर चुके हैं।

पादरी : मैं जानता हूँ, बार्बलिन।

बार्बलिन : और मेरे बाल ?

पादरी : मैं हर रोज आन्द्री के लिए प्रार्थना करता हूँ।

बार्बलिन : और मेरे बाल ?

पादरी : तुम्हारे बाल फिर से उग आएँगे, बार्बलिन—

बार्बलिन : जैसे कब्र पर घास उग आती है।

पादरी बार्बलिन को लेकर जाने को है लेकिन अचानक बार्बलिन रुक जाती है और जूतों की तरफ बढ़ती है

पादरी : बार्बलिन—बार्बलिन...

बार्बलिन : वे आन्द्री के जूते हैं। उन्हें हाथ मत लगाना। वह वापस आकर उन्हें पहनेगा। वे उसी के जूते हैं।

पर्दा गिरता है

■■